ІВАН КОТЛЯРЕВСЬКИЙ

ЕНЕЇДА

Українська Бібліотека
ЕНЕЇДА
ІВАН КОТЛЯРЕВСЬКИЙ

Ukrainian Library
ENEIDA
IVAN KOTLIAREVSKY

Ілюстрація до обкладинки *Енеїда* Георгій Нарбут (1919)
Вступ © 2023, Glagoslav Publications
Про автора © 2023, Glagoslav Publications
Видавці Максим Ходак і Макс Мендор

Cover Illustration *Eneida* by Heorhiy Narbut (1919)
Introduction © 2023, Glagoslav Publications
About the author © 2023, Glagoslav Publications
Publishers Maxim Hodak and Max Mendor

www.glagoslav.nl

ISBN: 978-1-80484-025-2

Ця книга охороняється авторським правом. Ніяка частина цієї публікації не може бути відтворена, збережена в пошуковій системі або передана в будь-якій формі або будь-якими способами без попередньої письмової згоди видавця, а також не може бути поширена будь-яким іншим чином у будь-якій іншій формі палітурки або з обкладинкою, відмінною від тієї, якої було видано, без накладання аналогічного умови, включаючи цю умову, на наступного покупця.

This book is in copyright. No part of this publication may be reproduced, stored in a retrieval system or transmitted in any form or by any means without the prior permission in writing of the publisher, nor be otherwise circulated in any form of binding or cover other than that in which it is published without a similar condition, including this condition, being imposed on the subsequent purchaser.

ІВАН КОТЛЯРЕВСЬКИЙ

ЕНЕЇДА

GLAGOSLAV PUBLICATIONS

ЗМІСТ

Про автора 7
Вступ 9

Енеїда
Частина перша 11
Частина друга 35
Частина четверта 109
Частина п'ята 155
Частина шоста 205

ПРО АВТОРА

Іван Котляревський (1769-1838) був видатним українським письменником, поетом, військовим, перекладачем та громадським діячем. Народився в сім'ї канцеляриста на Полтавщині. Освіту здобув у Полтавській духовній семінарії. Працював домашнім учителем, а також був директором Полтавського вільного театру.

Перебував на військовій службі в Сіверському карабінерському полку. У військовому званні штабс-капітана брав участь у російсько-турецькій війні та був учасником облоги Ізмаїлу. З годом після відставки отримав військовий чин майора. Підтримував зв'язки з декабристами.

Найвідоміший твір Котляревського - епос "Енеїда", який був опублікований у 1798 році. У цьому творі Котляревський переклав класичну римську поему "Енеїда" Вергілія, але змінив сюжет та образи героїв таким чином, щоб відображати українську реальність та український національний дух. "Енеїда" стала одним з найвідоміших та найулюбленіших творів української літератури, який став символом української національної свідомості та національного відродження.

Котляревський також перекладав твори інших авторів на українську мову, зокрема, "Іліаду" та "Одіссею" Гомера, а також драми Шекспіра та Мольєра.

Крім літературної діяльності, Котляревський працював лікарем і громадським діячем. Він займався благодійністю та був активним учасником громадського життя свого часу.

Іван Котляревський залишив значний вплив на українську літературу та культуру, та його твори досі залишаються популярними та улюбленими серед українців. Котляревський присвятив більшу частину своєї творчості національному відродженню України та піднесенню її культури.

ВСТУП

"Енеїда" - це книга-епос Івана Котляревського, що була опублікована у 1798 році. Це перша повноформатна поема, написана українською мовою, яка отримала широку популярність в Україні та стала однією з найвідоміших творів української літератури в світі.

"Енеїда" Котляревського є веселою і гумористичною версією класичної римської поеми, яка зробила її доступною широкому колу читачів.

У своїй "Енеїді" Котляревський переосмислив класичну римську поему Вергілія "Енеїда" з погляду української культури. Автор створив власний стиль та змінив епічну форму, додаючи до неї художні зображення, гумор та гуманізм.

Твір складається з шести розділів, які розповідають про пригоди Енея та його товаришів на шляху до Італії. Головний герой в поемі - Еней, талановитий воїн і лідерю. Разом зі своїми товаришами, Еней бореться з різними перешкодами, що змушують його відкривати нові визначні риси в своєму характері. Історія Енея стала алегорією для українців у їхній боротьбі за національну свободу та незалежність.

"Енеїда" Івана Котляревського стала популярною не тільки серед української громади, а й за її межами. Твір перекладено на багато мов світу, в тому числі англійську, французьку, німецьку та інші. Він став символом української літератури та культури, а автор - одним з найвідоміших письменників в історії України.

"Енеїда" Котляревського стала важливою частиною української культури, та вважається виразом національного самоусвідомлення.

ЕНЕЇДА
ЧАСТИНА ПЕРША

1 Еней був парубок моторний
І хлопець хоть куди козак,
Удавсь на всеє зле проворний,
Завзятіший од всіх бурлак.
Но греки, як спаливши Трою,
Зробили з неї скирту гною,
Він, взявши торбу, тягу дав;
Забравши деяких троянців,
Осмалених, як гиря, ланців,
П'ятами з Трої накивав.

2 Він, швидко поробивши човни,
На синє море поспускав,
Троянців насажавши повні,
І куди очі почухрав.
Но зла Юнона, суча дочка,
Розкудкудакалась, як квочка, –
Енея не любила – страх;
Давно уже вона хотіла,
Його щоб душка полетіла
К чортам і щоб і дух не пах.

3 Еней був тяжко не по серцю
Юноні – все її гнівив;
Здавався гірчійший їй від перцю,
Ні в чім Юнони не просив;
Но гірш за те їй не любився,
Що, бачиш, в Трої народився
І мамою Венеру звав;
І що його покійний дядько,
Парис, Пріамове дитятко,
Путивочку Венері дав.

4 Побачила Юнона з неба,
Що пан Еней на поромах;
А те шепнула сука Геба...
Юнону взяв великий жах!
Впрягла в гринджолята павичку,
Сховала під кибалку мичку,
Щоб не світилася коса;
Взяла спідницю і шнурівку,
І хліба з сіллю на тарілку,
К Еолу мчалась, як оса.

5 "Здоров, Еоле, пане-свату!
Ой, як ся маєш, як живеш– –
Сказала, як ввійшла у хату,
Юнона. – Чи гостей ти ждеш-.."
Поставила тарілку з хлібом
Перед старим Еолом-дідом,
Сама же сіла на ослін.
"Будь ласкав, сватоньку-старику!
Ізбий Енея з пантелику,
Тепер пливе на морі він.

6 Ти знаєш, він який суціга,
Паливода і горлоріз;
По світу як іще побіга,
Чиїхсь багацько виллє сліз.
Пошли на його лихо злеє,
Щоб люди всі, що при Енеї,
Послизли і щоб він і сам...
За сеє ж дівку чорнобриву,
Смачную, гарну, уродливу
Тобі я, далебі, що дам".

7 "Гай, гай! ой, дей же його кату!
Еол насупившись сказав. –
Я все б зробив за сюю плату,
Та вітри всі порозпускав:
Борей недуж лежить з похмілля,
А Нот поїхав на весілля,
Зефір же, давній негодяй,
З дівчатами заженихався,
А Евр в поденщики нанявся, –
Я к хочеш, так і помишляй!

8 Та вже для тебе обіщаюсь
Енеєві я ляпас дать;
Я хутко, миттю постараюсь
В трістя його к чортам загнать.
Прощай же! швидче убирайся,
Обіцянки не забувайся,
Бо послі, чуєш, нічичирк!
Я к збрешеш, то хоча надсядься,
На ласку послі не понадься,
Тогді від мене возьмеш чвирк".

9 Еол, оставшись на господі,
Зібрав всіх вітрів до двора,
Велів поганій буть погоді…
Якраз на морі і гора!
Все море зараз спузирило,
Водою мов в ключі забило,
Еней тут крикнув, як на пуп;
Заплакався і заридався,
Пошарпався, увесь подрався,
На тім'ї начесав аж струп.

10 Прокляті вири роздулися,
А море з лиха аж реве;
Слізьми троянці облилися,
Енея за живіт бере;
Всі човники їх розчухрало,
Багацько війська тут пропало;
Тогді набрались всі сто лих!
Еней кричить, що "я Нептуну
Півкопи грошей в руку суну,
Аби на морі штурм утих".

11 Нептун іздавна був дряпічка,
Почув Енеїв голосок;
Шатнувся зараз із запічка,
Півкопи для його кусок!..
І миттю осідлавши рака,
Схвативсь на його, мов бурлака,
І вирнув з моря, як карась.
Загомонів на вітрів грізно:
"Чого ви гудете так різно-
До моря, знаєте, вам зась!"

12 От тут-то вітри схаменулись
І ну всі драла до нори;
До л я с а мов ляхи шатнулись,
Або од їжака тхори.
Нептун же зараз взяв мітелку
І вимів море, як світелку,
То сонце глянуло на світ.
Еней тоді як народився,
Разів із п'ять перехрестився;
Звелів готовити обід.

13 Поклали шальовки соснові,
Кругом наставили мисок;
І страву всякую, без мови,
В голодний пхали все куток.
Тут з салом галушки лигали,
Лемішку і куліш глитали
І брагу кухликом тягли;
Та і горілочку хлистали, –
Насилу із-за столу встали
І спати послі всі лягли.

14 Венера, не послідня шльоха,
Проворна, враг її не взяв,
Побачила, що так полоха
Еол синка, що аж захляв;
Умилася, причепурилась
І, як в неділю, нарядилась,
Хоть би до дудки на танець!
Взяла очіпок грезетовий
І кунтуш з усами люстровий,
Пішла к Зевесу на ралець.

15 Зевес тогді кружав сивуху
І оселедцем заїдав;
Він, сьому випивши восьмуху,
Послідки з кварти виливав.
Прийшла Венера, іскривившись,
Заплакавши і завіскрившись,
І стала хлипать перед ним:
"Чим пред тобою, милий тату,
Син заслужив таку мій плату-
Ійон, мов в свинки, грають їм.

16 Куди йому уже до Риму-
Хіба як здохне чорт в рові!
Як вернеться пан хан до Криму,
Як жениться сич на сові.
Хіба б уже та не Юнона,
Щоб не вказала макогона,
Що й досі слухає чмелів!
Коли б вона та не бісилась,
Замовкла і не камезилась,
Щоб ти се сам їй ізвелів".

17 Юпитер, все допивши з кубка,
Погладив свій рукою чуб:
"Ох, доцю, ти моя голубка!
Я в правді твердий так, як дуб.
Еней збудує сильне царство
І заведе своє там панство;
Не малий буде він панок.
На панщину ввесь світ погонить,
Багацько хлопців там наплодить
І всім їм буде ватажок.

18 Заїде до Дидони в гості
І буде там бенькетовать;
Полюбиться її він мосці
І буде бісики пускать.
Іди, небого, не журися,
Попонеділкуй, помолися,
Все буде так, як я сказав".
Венера низько поклонилась
І з панотцем своїм простилась,
А він її поціловав.

19 Еней прочумався, проспався
І голодрабців позбирав,
Зо всім зібрався і уклався,
І, скілько видно, почухрав.
Плив-плив, плив-плив, що аж обридло,
І море так йому огидло,
Що бісом на його дививсь.
"Коли б, – каже, – умер я в Трої,
Уже б не пив сеї гіркої
І марне так не волочивсь".

20 Потім до берега приставши
З троянством голим всім своїм,
На землю з човнів повстававши,
Спитавсь, чи є що їсти їм-
І зараз чогось попоїли,
Щоб на путі не ослабіли;
Пішли, куди хто запопав.
Еней по берегу попхався,
І сам не знав, куди слонявся,
Аж гульк – і в город причвалав.

21 В тім городі жила Дидона,
А город звався Карфаген,
Розумна пані і моторна,
Для неї трохи сих імен:
Трудяща, дуже працьовита,
Весела, гарна, сановита,
Бідняжка – що була вдова;
По городу тогді гуляла,
Коли троянців повстрічала .
Такі сказала їм слова:

22 "Відкіль такі се гольтіпаки-
Чи рибу з Дону везете-
Чи, може, виходці-бурлаки-
Куди, прочане, ви йдете-
Який вас враг сюди направив-
І хто до города причалив-
Яка ж ватага розбишак!"
Троянці всі замурмотали,
Дидоні низько в ноги пали,
А вставши, їй мовляли так:

23 "Ми всі, як бач, народ хрещений,
Волочимся без талану,
Ми в Трої, знаєш, порождені,
Еней пустив на нас ману;
Дали нам греки прочухана
І самого Енея-пана
В три вирви вигнали відтіль;
Звелів покинути нам Трою,
Підмовив плавати з собою,
Тепер ти знаєш, ми відкіль.

24 Помилуй, пані благородна!
Не дай загинуть головам,
Будь милостива, будь незлобна,
Еней спасибі скаже сам.
Чи бачиш, як ми обідрались!
Убрання, постоли порвались,
Охляли, ніби в дощ щеня!
Кожухи, свити погубили
І з голоду в кулак трубили,
Така нам лучилась пеня".

25 Дидона гірко заридала
І з білого свого лиця
Платочком сльози обтирала:
"Коли б, – сказала, – молодця
Енея вашого злапала,
Уже б тогді весела стала,
Тогді Великдень був би нам!"
Тут плюсь – Еней, як будто з неба:
"Ось, осьде я, .коли вам треба!
Дидоні поклонюся сам".

26 Потім з Дидоною обнявшись,
Поціловались гарно всмак;
За рученьки біленькі взявшись,
Балакали то сяк, то так.
Пішли к Дидоні до господи
Через великі переходи,
Ввійшли в світлицю та й на піл;
Пили на радощах сивуху
І їли сім'яну макуху,
Покіль кликнули їх за стіл.

27 Тут їли рознії потрави,
І все з полив'яних мисок,
І самі гарнії приправи
З нових кленових тарілок:
Свинячу голову до хріну
І локшину на переміну,
Потім з підлевою індик;
На закуску куліш і кашу,
Лемішку, зубці, путрю, квашу
І з маком медовий шулик.

28 І кубками пили слив'янку,
Мед, пиво, брагу, сирівець,
Горілку просту і калганку,
Куривсь для духу яловець.
Бандура горлиці бриньчала,
Сопілка зуба затинала,
А дудка грала по балках;
Санжарівки на скрипці грали,
Кругом дівчата танцьовали
В дробушках, в чоботах, в свитках.

29 Сестру Дидона мала Ганну,
Навсправжки дівку хоть куди,
Проворну, чепурну і гарну;
Приходила і ся сюди
В червоній юпочці баєвій,
В запасці гарній фаналевій,
В стьонжках, в намисті і ковтках;
Тут танцьовала викрутасом,
І пред Енеєм вихилясом
Під дудку била третяка.

30 Еней і сам так розходився,
Як на аркані жеребець,
Що трохи не увередився,
Пішовши з Гандзею в танець.
В обох підківки забряжчали,
Жижки од танців задрижали,
Вистрибовавши гоцака.
Еней, матню в кулак прибравши
І не до солі примовлявши,
Садив крутенько гайдука.

31 А после танців варенухи
По филижанці піднесли;
І молодиці-цокотухи
Тут баляндраси понесли;
Дидона кріпко заюрила,
Горщок з вареною розбила,
До дуру всі тоді пили.
Ввесь день весело прогуляли
І п'яні спати полягали;
Енея ж ледве повели.

32 Еней на піч забрався спати,
Зарився в просо, там і ліг;
А хто схотів, побрів до хати,
А хто в хлівець, а хто під стіг.
А деякі так так хлиснули,
Що де упали – там заснули,
Сопли, харчали і хропли;
А добрі молодці кружали,
Поки аж півні заспівали, –
Що здужали, то все тягли.

33 Дидона раноісхопилась.
Пила з похмілля сирівець;
А послі гарно нарядилась,
Якби в оренду на танець.
Взяла кораблик бархатовий,
Спідницю і карсет шовковий
І начепила ланцюжок;
Червоні чоботи обула,
Та і запаски не забула,
А в руки з вибійки платок.

34 Еней же, з хмелю як проспався,
Із'їв солоний огірок;
Потім умився і убрався,
Як парубійка до дівок.
Йому Дидона підослала,
Що од покійника украла,
Штани і пару чобіток;
Сорочку і каптан з китайки,
І шапку, пояс з каламайки,
І чорний шовковий платок.

35 Як одяглись, то ізійшлися,
З собою стали розмовлять;
Наїлися і принялися,
Щоб по-вчорашньому гулять.
Дидона ж тяжко сподобала
Енея так, що і не знала,
Де дітися і що робить;
Точила всякії баляси
І підпускала разні ляси,
Енею тільки б угодить.

36 Дидона вигадала грище,
Еней щоб веселіший був,
І шоб вертівся з нею ближче,
І лиха щоб свого забув:
Собі очиці зав'язала
І у панаса грати стала,
Енея б тільки уловить;
Еней же зараз догадався,
Коло Дидони терся, м'явся,
Її щоб тільки вдовольнить.

37 Тут всяку всячину іграли,
Хто як і в віщо захотів,
Тут инчі журавля скакали,
А хто од дудочки потів.
І в хрещика і в горю дуба,
Не раз доходило до чуба,
Як загулялися в джгута;
В хлюста, в пари, в візка іграли
І дамки по столу совали;
Чорт мав порожнього кута.

38 Щодень було у них похмілля,
Пилась горілка, як вода;
Щодень бенькети, мов весілля,
Всі п'яні, хоть посуньсь куда.
Енеєві так, як болячці
Або лихій осінній трясці,
Годила пані всякий день.
Були троянці п'яні, ситі,
Кругом обуті і обшиті,
Хоть голі прибрели, як пень.

39 Троянці добре там курили,
Дали приманку всім жінкам,
По вечорницям всі ходили,
Просвітку не було дівкам.
Та й сам Еней, сподар, і паню
Підмовив паритися в баню…
Уже ж було не без гріха!
Бо страх вона його любила,
Аж розум ввесь свій погубила,
А бачся, не була плоха.

40 От так Еней жив у Дидони,
Забув і в Рим щоб мандровать.
Тут не боявся і Юнони,
Пустився все бенькетовать;
Дидону мав він мов за жінку,
Убивши добру в неї грінку,
Мутив, як на селі москаль!
Бо – хрін його не взяв – моторний,
Ласкавий, гарний і проворний,
І гострий, як на бритві сталь.

41 Еней з Дидоною возились,
Як з оселедцем сірий кіт;
Ганяли, бігали, казились,
Аж лився деколи і піт.
Дидона ж мала раз роботу,
Як з ним побігла на охоту,
Та грім загнав їх в темний льох...
Лихий їх зна, що там робили,
Було не видно з-за могили,
В льоху ж сиділи тільки вдвох.

42 Не так-то робиться все хутко,
Як швидко оком ізмигнеш;
Або як казку кажеш прудко,
Пером в папері як писнеш.
Еней в гостях прожив немало, –
Що з голови його пропало,
Куди його Зевес послав.
Він годів зо два там просидів,
А мабуть би, і більш пронидів,
Якби його враг не спіткав.

43 Колись Юпитер ненароком
З Олимпа глянув і на нас;
І кинув в Карфагену оком,
Аж там троянський мартопляс...
Розсердився і розкричався,
Аж цілий світ поколихався;
Енея лаяв на ввесь рот:
"Чи так-то, гадів син, він слуха-
Убрався в патоку, мов муха,
Засів, буцім в болоті чорт.

44 Підіть гінця мені кликніте,
До мене зараз щоб прийшов,
Глядіть же, цупко прикрутіте,
Щоб він в шиньок та не зайшов!
Бо хочу я кудись послати.
Ійон, ійон же, вража мати!
Але Еней наш зледащів
А то Венера все свашкує,
Енеєчка свого муштрує,
Щоб він з ума Дидону звів".

45 Прибіг Меркурій засапавшись,
В три ряди піт з його котив;
Ввесь ремінцями обв'язавшись,
На голову бриль наложив;
На грудях з бляхою ладунка,
А ззаду з сухарями сумка,
В руках нагайський малахай.
В такім наряді влізши в хату,
Сказав: "Готов уже я, тату,
Куда ти хочеш, посилай".

46 "Біжи лиш швидче в Карфагену,-
Зевес гінцеві так сказав, –
І пару розлучи скажену,
Еней Дидону б забував.
Нехай лиш відтіль уплітає
І Рима строїти чухрає, –
А то заліг, мов в грубі пес.
Коли .ж він буде йще гуляти,
То дам йому себе я знати, –
От так сказав, скажи, Зевес".

47 Меркурій низько поклонився,
Перед Зевесом бриль ізняв,
Через поріг перевалився,
До стані швидче тягу дав.
Покинувши із рук нагайку,
Запряг він миттю чортопхайку,
Черкнув із неба, аж курить!
І все кобилок поганяє,
Що оглобельна аж брикає;
Помчали, аж візок скрипить!

48 Еней тогді купався в бразі
І на полу укрившись ліг;
Йому не снилось о приказі,
Як ось Меркурій в хату вбіг!
Смикнув із полу, мов псяюху.
"А що ти робиш, п'єш сивуху- -
Зо всього горла закричав, –
Ану лиш, швидче убирайся,
З Дидоною не женихайся,
Зевес поход тобі сказав!

49 Чи се ж таки до діла робиш,
Що й досі тута загулявсь-
Та швидко і не так задробиш;
Зевес не дурно похвалявсь;
Получиш добру халазію,
Він видавить з тебе олію,
От тільки йще тут побарись.
Гляди ж, сьогодня щоб убрався,
Щоб нищечком відсіль укрався,
Мене удруге не дождись".

50 Еней піджав хвіст, мов собака;
Мов Каїн, затрусивсь увесь;
Із носа потекла кабака:
Уже він знав, який Зевес.
Шатнувся миттю сам із хати
Своїх троянців позбирати;
Зібравши, дав такий приказ:
"Як можна швидче укладайтесь,
Зо всіми клунками збирайтесь,
До моря швендайте якраз!"

51 А сам, вернувшися в будинки,
Своє лахміття позбирав;
Мізерії наклав дві скриньки,
На човен зараз одіслав
І дожидався тільки ночі,
Що як Дидона зімкне очі,
Щоб не прощавшись тягу дать.
Хоть він за нею і журився
І світом цілий день нудився;
Та ба! бач, треба покидать.

52 Дидона зараз одгадала,
Чого сумує пан Еней,
І все на ус собі мотала,
Щоб умудритися і їй;
З-за печі часто виглядала,
Прикинувшись, буцім куняла
І мов вона хотіла спать.
Еней же думав, що вже спала,
І тільки що хотів дать драла,
Аж ось Дидона за чуб хвать.

53 "Постій, прескурвий, вражий сину!
Зо мною перше розплатись;
От задушу, як злу личину!
Ось ну лиш тільки завертись!
От так за хліб, за сіль ти платиш-
Ти всім, привикши насміхатись,
Розпустиш славу по мені!
Нагріла в пазусі гадюку,
Що послі ізробила муку;
Послала пуховик свині.

54 Згадай, який прийшов до мене,
Що ні сорочки не було;
І постолів чорт мав у тебе,
В кишені ж пусто, аж гуло;
Чи знав ти, що такеє гроші-
Мав без матні одні холоші,
І тільки слава, що в штанах;
Та й те порвалось і побилось,
Аж глянуть сором, так світилось;
Свитина вся була в латках.

55 Чи я ж тобі та не годила-
Хіба ріжна ти захотів-
Десь вража мати підкусила,
Щоб хирний тут ти не сидів".
Дидона гірко заридала,
І з серця аж волосся рвала,
І закраснілася, мов рак.
Запінилась, посатаніла,
Неначе дурману із'їла,
Залаяла Енея так:

56 "Поганий, мерзький, скверний, бридкий,
Нікчемний, ланець, кателик!
Гульвіса, пакосний, престидкий,
Негідний, злодій, єретик!
За кучму сю твою велику
Як дам ляща тобі я в пику,
То тут тебе лизне і чорт!
І очі видеру із лоба
Тобі, диявольська худоба,
Трясешся, мов зимою хорт!

57 Мандруй до сатани з рогами,
Нехай тобі присниться біс!
З твоїми сучими синами,
Щоб враг побрав вас всіх гульвіс,
Що ні горіли, ні боліли,
На чистому щоб поколіли,
Щоб не оставсь ні чоловік;
Щоб доброї не знали долі,
Були щоб з вами злії болі,
Щоб ви шаталися повік".

58 Еней від неї одступався,
Поки зайшов через поріг,
А далі аж не оглядався,
З двора в собачу ристь побіг.
Прибіг к троянцям, засапався,
Обмок в поту, якби купався,
Мов з торгу в школу курохват;
Потім в човен хутенько сівши
І їхати своїм велівши,
Не оглядався сам назад.

59 Дидона тяжко зажурилась,
Ввесь день ні їла, ні пила;
Все тоскувала, все нудилась,
Кричала, плакала, ревла.
То бігала, якби шалена,
Стояла довго тороплена,
Кусала нігті на руках;
А далі сіла на порозі,
Аж занудило їй, небозі,
І не встояла на ногах.

60 Сестру кликнула на пораду,
Щоб горе злеє розказать,
Енеєву оплакать зраду
І льготи серцю трохи дать.
"Ганнусю, рибко, душко, любко,
Рятуй мене, моя голубко,
Тепер пропала я навік!
Енеєм кинута я бідна,
Як сама паплюга послідня,
Еней злий змій – не чоловік!

61 Нема у серця мого сили,
Щоб я могла його забуть.
Куди мні бігти- – до могили!
Туди один надежний путь!
Я все для його потеряла,
Людей і славу занедбала;
Боги! я з ним забула вас.
Ох! дайте зілля мні напитись,
Щоб серцю можна розлюбитись,
Утихомиритись на час.

62 Нема на світі мні покою,
Не ллються сльози із очей,
Для мене білий світ єсть тьмою,
Там ясно тілько, де Еней.
О пуцьверинку Купидоне!
Любуйся, як Дидона стогне...
Щоб ти маленьким був пропав!
Познайте, молодиці гожі,
З Енеєм бахурі всі схожі,
Щоб враг зрадливих всіх побрав!"

63 Так бідна з горя говорила
Дидона, жизнь свою кляла;
І Ганна що їй ні робила,
Ніякої ради не дала.
Сама з царицей горювала,
І сльози рукавом втирала,
І хлипала собі в кулак.
Потім Дидона мов унишкла,
Звеліла, щоб і Гандзя вийшла,
Щоб їй насумоватись всмак.

64 Довгенько так посумовавши,
Пішла в будинки на постіль;
Подумавши там, погадавши,
Проворно скочила на піл.
І взявши з запічка кресало
І клоччя в пазуху чимало,
Тихенько вийшла на город.
Ночною се було добою
І самой тихою порою,
Як спав хрещений ввесь народ.

65 Стояв у неї на городі
В кострі на зиму очерет;
Хоть се не по царській породі,
Та де ж взять дров, коли все степ;
В кострі був зложений сухенький,
Як порох, був уже палкенький,
Його й держали на підпал.
Під ним вона огонь кресала
І в клоччі гарно розмахала
І розвела пожар чимал.

66 Кругом костер той запаливши,
Зо всей одежі роздяглась,
В огонь лахміття все зложивши,
Сама в огні тім простяглась.
Вкруг неї полом'я палало,
Покійниці не видно стало,
Пішов од неї дим і чад! –
Енея так вона любила,
Що аж сама себе спалила,
Послала душу к чорту в ад.

ЧАСТИНА ДРУГА

1 Еней, попливши синім морем,
На Карфагену оглядавсь;
Боровсь з своїм, сердега, горем,
Слізьми, бідняжка, обливавсь.
Хоть од Дидони плив поспішно,
Та плакав гірко, неутішно.
Почувши ж., що в огні спеклась,
Сказав: "Нехай їй вічне царство,
Мені же довголітнє панство,
І щоб друга вдова найшлась!"

2 Як ось і море стало грати,
Великі хвилі піднялись,
І вітри зачали бурхати,
Аж човни на морі тряслись.
Водою чортзна-як крутило,
Що трохи всіх не потопило,
Вертілись човни, мов дурні.
Троянці з страху задрижали,
І що робити, всі не знали,
Стояли мовчки всі смутні.

3 Один з троянської ватаги,
По їх він звався Палінур;
Сей більше мав других одваги,
Сміленький був і балагур;
Що наперед сей схаменувся
І до Нептуна окликнувся:
"А що ти робиш, пан Нептун!
Чи се і ти пустивсь в ледащо,
Що хочеш нас звести нінащо-
Хіба півкопи і забув-"

4 А далі після сеї мови
Троянцям він так всім сказав:
"Бувайте, братця, ви здорові!
Оце Нептун замудровав.
Куди тепер ми, братця, пійдем-
В Італію ми не доїдем,
Бо море дуже щось шпує,
Італія відсіль не близько,
А морем в бурю їхать слизько,
Човнів ніхто не підкує.

5 Ось тут земелька є, хлоп'ята,
Відсіль вона невдалеку:
Сицилія, земля багата,
Вона мені щось по знаку.
Дмухнім лиш, братця, ми до неї
Збувати горесті своєї,
Там добрий цар живе Ацест.
Ми там, як дома, очуняєм,
І як у себе, загуляєм,
Всього у нього вдоволь єсть".

6 Троянці разом принялися
І стали веслами гребти,
Як стрілки, човники неслися,
Мов ззаду пхали їх чорти.
Їх сицилійці як уздріли,
То з .города, мов подуріли,
До моря бігли всі встрічать.
Тут між собою розпитались,
Чоломкались і обнімались,
Пішли до короля гулять.

7 Ацест Енею, як би брату,
Велику ласку показав,
І, зараз попросивши в хату,
Горілкою почастовав;
На закуску наклали сала,
Лежала ковбаса чимала
І хліба повне решето.
Троянцям всім дали тетері
І відпустили на кватері:
Щоб йшли, куди потрапить хто.

8 Тут зараз підняли банькети
Замурмотали, як коти,
І в кахлях понесли пашкети,
І киселю їм до сити;
Гарячую, м'яку бухинку,
Зразову до рижків печінку,
Гречаний з часником панпух.
Еней з дороги налигався
І пінної так нахлестався,
Трохи не виперсь з його дух.

9 Еней хоть трохи був підпилий,
Та з розумом не потерявсь;
Він син був богобоязливий,
По смерті батька не цуравсь.
В сей день його отець опрягся,
Як чикилдихи обіжрався, –
Анхиз з горілочки умер.
Еней схотів обід справляти
І тут старців нагодовати, –
Щоб біг душі свій рай одпер.

10 Зібрав троянську всю громаду
І сам пішов надвір до них,
Просить у їх собі пораду,
Сказав їм річ в словах таких:
"Панове, знаєте, трояне
І всі хрещенії миряне,
Що мій отець бував Анхиз,
Його сивуха запалила
І живота укоротила,
І він, як муха в зиму, зслиз.

11 "Зробити поминки я хочу,
Поставити обід старцям –
І завтра ж – далі не одстрочу.
Скажіте: як здається вам-"
Сього троянці і бажали,
І всі уголос закричали:
"Енею, боже поможи;
Коли же хочеш, пане, знати,
І сами будем помагати,
Бо ми тобі не вороги".

12 І зараз миттю всі пустились
Горілку, м'ясо куповать,
Хліб, бублики, книші вродились,
Пійшли посуди добувать;
І коливо з куті зробили,
Сити із меду наситили,
Договорили і попа;
Хазяїнів своїх ззивали,
Старців по улицям шукали,
Пішла на дзвін дякам копа.

13 На другий день раненько встали,
Огонь надворі розвели
І м'яса в казани наклали,
Варили страву і пекли.
П'ять казанів стояло юшки,
А в чотирьох були галушки,
Борщу трохи було не з шість;
Баранів тьма була варених,
Курей, гусей, качок печених,
Досита щоб було всім їсть.

14 Цебри сивушки там стояли
І браги повнії діжки;
Всю страву в вагани вливали
І роздавали всім ложки.
Як проспівали "со святими",
Еней обливсь слізьми гіркими,
І принялися всі трепать;
Наїлися і нахлистались,
Що деякі аж повалялись…
Тогді і годі поминать.

15 Еней і сам со старшиною
Анхиза добре поминав;
Не здрів нічого пред собою,
А ще з-за столу не вставав;
А далі трошки проходився,
Прочумався, протверезився,
Пішов к народу, хоть поблід.
З кишені вийнявши півкіпки,
Шпурнув в народ дрібних, як ріпки,
Щоб тямили його обід.

16 Енея заболіли ноги,
Не чув ні рук, ні голови;
Напали з хмелю перелоги,
Опухли очі, як в сови,
І весь обдувся, як барило,
Було на світі все немило,
Мисліте по землі писав.
З нудьги охляв і ізнемігся,
В одежі ліг і не роздігся,
Під лавкою до світа спав.

17 Прокинувшися, ввесь трусився,
За серце ссало, мов глисти;
Перевертався і нудився,
Не здужав голови звести,
Поки не випив півквартівки
З імбером пінної горілки
І кухля сирівцю не втер.
З-під лавки виліз і струхнувся,
Закашляв, чхнув і стрепенувся:
"Давайте, – крикнув, – пить тепер".

18 Зібравшися, всі паненята
Ізнов кружати начали,
Пили, як брагу поросята,
Горілку так вони тягли;
Тягли тут пінненьку троянці,
Не вомпили сициліанці,
Черкали добре назахват.
Хто пив тут більш од всіх сивухи,
І хто пив разом три осьмухи,
То той Енеєві був брат.

19 Еней наш роздоброхотався,
Ігрища вздумав завести,
І п'яний зараз розкричався,
Щоб перебійців привести.
У вікон школярі співали,
Халяндри циганки скакали,
Іграли в кобзи і сліпці;
Були тут разні чути крики,
Водили в городі музики
Моторні, п'яні молодці.

20 В присінках всі пани сиділи,
Надворі ж вкруг стояв народ.
У вікна деякі гляділи,
А инчий був наверх воріт;
Аж ось прийшов і перебієць,
Убраний так, як компанієць,
І звався молодець Дарес;
На кулаки став викликати
І перебійця визивати,
Кричав, опарений мов пес:

21 "Гей, хто зо мною вийде битись,
Покуштовати стусанів-
Мазкою хоче хто умитись-
Кому не жаль своїх зубів-
А нуте, нуте, йдіте швидше
Сюди на кулаки лиш ближче!
Я бебехів вам надсажу;
На очі вставлю окуляри,
Сюди, поганці-бакаляри!
Я всякому лоб розміжжу".

22 Дарес довгенько дожидався,
Мовчали всі, ніхто не йшов;
З ним всякий битися боявся,
Собою страху він задав.
"Так ви, бачу, всі легкодухи,
Передо мною так, як мухи,
І пудофети наголо".
Дарес тут дуже насміхався,
Собою чванивсь, величався,
Аж сором слухать всім було.

23 Абсест троянець був сердитий,
Згадав Ентелла-козака,
Зробився мов несамовитий,
Чимдуж дав відтіль дропака.
Ентелла скрізь пішов шукати,
Щоб все, що бачив, розказати
І щоб Дареса підцьковать.
Ентелл був тяжко смілий, дужий,
Мужик плечистий і невклюжий,
Тоді він п'яний вклався спать.

24 Знайшли Ентелла-сіромаху,
Що він під тином гарно спав;
Сього сердешного тімаху
Будити стали, щоб устав.
Всі голосно над ним кричали,
Ногами всилу розкачали,
Очима він на них лупнув:
"Чого ви– що за вража мати,
Зібрались не давати спати".
Сказавши се, оп'ять заснув.

25 "Та встань, будь ласкав, пане-свату!"
Абсест Ентеллові сказав.
"Пійдіть лиш ви собі ік кату!" –
Ентелл на їх так закричав.
А послі баче, що не шутка,
Абсест сказав, яка погудка,
Проворно скочивши, здригнувсь:
"Хто, як, Дарес– – ну, стійте наші!
Зварю пану Даресу каші,
Горілки дайте лиш нап'юсь".

26 Примчали з казанок сивухи,
Ентелл її разком дмухнув
І од сієї він мокрухи
Скривившись, наморщившись і зівнув,
Сказав: "Теперь ходімо, братця,
До хвастуна Дареса-ланця!
Йому я ребра полічу,
Зімну всього я на кабаку,
На смерть зувічу, мов собаку,
Як битися – я научу!"

27 Прийшов Ентелл перед Дареса,
Сказав йому на сміх: "Гай-гай!
Ховайсь, проклята неотеса,
Зарання відсіль утікай;
Я роздавлю тебе, як жабу,
Зітру, зімну, мороз як бабу,
Що тут і зуби ти зітнеш.
Тебе диявол не пізнає,
З кістками чорт тебе злигає,
Уже від мене не влизнеш".

28 На землю шапку положивши,
По локоть руки засукав
І цупко кулаки стуливши,
Дареса битись визивав.
Із серця скриготав зубами,
Об землю тупотав ногами,
І на Дареса налізав.
Дарес не рад своїй лихоті,
Ентелл потяг не по охоті
Дареса, щоб його він знав.

29 В се врем'я в рай боги зібрались
К Зевесу в гості на обід,
Пили там, їли, забавлялись,
Забули наших людських бід.
Там лакомини різні їли,
Буханчики пшеничні білі,
Кислиці, ягоди, коржі
І всякі-разні витребеньки, –
Уже либонь були п'яненькі,
Понадувались, мов йоржі.

30 Як ось знічев'я вбіг Меркурій,
Засапавшися до богів;
Прискочив, мов котище мурий
До сирних в маслі пирогів!
"Ге! Ге! от тут-то загулялись,
Що і од світу одцурались,
Диявол-ма вам і стида.
В Сицилії таке твориться,
Що вам би треба подивиться, –
Там крик, мов підступа орда".

31 Боги, почувши, зашатались,
Із неба виткнули носи,
Дивитись на бійців хватались,
Як жаби літом із роси.
Ентелл там сильно храбровався,
Аж до сорочки ввесь роздягся,
Совав Даресу в ніс кулак.
Дарес ізвомпив сіромаха,
Бо був Ентелл непевна птаха,
Як чорноморський злий козак.

32 Венеру за виски хватило,
Як глянула, що там Дарес;
Ій дуже се було не мило,
Сказала: "Батечку Зевес!
Дай моєму Даресу сили,
Йому хвоста щоб не вкрутили,
Щоб він Ентелла поборов.
Мене тоді ввесь світ забуде,
Коли Дарес живий не буде;
Зроби, щоб був Дарес здоров".

33 Тут Бахус п'яний обізвався,
Венеру лаяти почав,
До неї з кулаком совався,
І так ісп'яна їй сказав:
"Пійди лиш ти к чортам, плюгава,
Невірна, пакосна, халява!
Нехай ізслизне твій Дарес,
Я за Ентелла сам вступлюся,
Як більш сивухи натягнуся,
То не заступить і Зевес.

34 Чи знаєш, він який парнище-
На світі трохи єсть таких,
Сивуху так, як брагу, хлище,
Я в парубках кохаюсь сих.
Уже заллє за шкуру сала,
Ні неня в бразі не скупала,
Як він Даресові задасть.
Уже хоть як ти не вертися,
З своїм Даресом попростися,
Бо прийдеться йому пропасть".

35 Зевес до речі сей дочувся,
Язик на силу повернув,
Він од горілки весь обдувся
І грімко так на їх гукнув:
"Мовчіть!.. чого ви задрочились-
Чи бач, у мене розходились!
Я дам вам зараз тришия!
Ніхто в кулачки не мішайтесь
Кінця од самих дожидайтесь, –
Побачим, – візьметь то чия-"

36 Венера, облизня піймавши,
Слізки пустила із очей,
І, як собака, хвіст піджавши,
Пішла к порогу до дверей
І з Марсом у куточку стала,
З Зевеса добре глузовала;
А Бахус пінненьку лигав,
Із Ганімедова пуздерка
Утер трохи не з піввідерка;
Напивсь – і тільки що кректав.

37 Як між собой боги сварились
В раю, попившись в небесах;
Тогді в Сицилії творились
Великі дуже чудеса.
Дарес од страху оправлявся
І до Ентелла підбирався,
Цибульки б дать йому під ніс.
Ентелл од ляпаса здригнувся,
Разів із п'ять перевернувся,
Трохи не попустив і сліз.

38 Розсердився і роз'ярився,
Аж піну з рота попустив,
І саме в міру підмостився,
В висок Дареса затопив:
З очей аж іскри полетіли,
І очі ясні соловіли,
Сердешний об землю упав.
Чмелів довгенько дуже слухав
І землю носом рив і нюхав,
І дуже жалібно стогнав.

39 Тут всі Ентелла вихваляли,
Еней з панами реготавсь,
З Дареса ж дуже глузовали,
Що силою він величавсь.
Звелів Еней його підняти,
На вітрі щоб поколихати
Од ляпаса і щоб прочхавсь;
Ентеллові ж дав на кабаку
Трохи не цілую гривняку
За те, що так він показавсь.

40 Еней же, сим не вдовольнившись,
Іще гуляти захотів
І цупко пінної напившись,
Ведмедів привести звелів.
Литва на труби засурмила,
Ведмедів зараз зупинила,
Заставила їх танцьовать.
Сердешний звір перекидався,
Плигав, вертівся і качався,
Забув і бджоли піддерать.

41 Як пан Еней так забавлявся,
То лиха він собі не ждав,
Не думав і не сподівався,
Щоб хто з Олимпа кучму дав.
Но те Юнона повернула,
І в голові так коверзнула,
Щоб зараз учинить ярміз;
Набула без панчіх патинки,
Пішла в Ірисині будинки,
Бо хитра ся була, як біс.

42 Прийшла, Ірисі підморгнула,
Черкнули разом в хижу вдвох,
І на ухо щось їй шепнула,
Щоб не підслухав який бог;
І пальцем цупко прикрутила,
Щоб зараз все то ізробила
І їй би принесла лепорт;
Ірися низько поклонилась,
І в ліжник зараз нарядилась,
Побігла з неба, як би хорт.

43 В Сицилію якраз спустилась,
Човни троянські де були;
І між троянок помістилась,
Которі човнів стерегли.
В кружку сердешні сі сиділи
І кисло на море гляділи,
Бо їх не кликали гулять,
Де чоловіки їх гуляли,
Медок, сивушку попивали
Без просипу неділь із п'ять.

44 Дівчата з лиха горювали,
Нудило тяжко молодиць;
Лиш слинку з голоду ковтали,
Як хочеться кому кислиць.
Своїх троянців проклинали,
Що через їх так горювали,
Дівки кричали на весь рот:
"Щоб їм хотілось так гуляти,
Я к хочеться нам дівовати,
Коли б замордовав їх чорт".

45 Троянці волокли з собою
Стару бабу, як ягу,
Лукаву відьму, злу Берою,
Іскорчившуюся в дугу.
Ірися нею ізробилась
І як Берою нарядилась
І підступила до дівок;
І щоб к ним лучче підмоститься
І пред Юноной заслужиться,
То піднесла їм пиріжок.

46 Сказала: "Помагай біг, діти!
Чого сумуєте ви так-
Чи не остило тут сидіти-
Оце гуляють наші як!
Мов божевільних, нас морочать,
Сім літ, як по морям волочать;
Глузують, як хотять, із вас,
Але з другими бахурують,
Свої ж жінки нехай горюють,
Коли водилось се у нас-

47 Послухайте лиш, молодиці,
Я добрую вам раду дам;
І ви, дівчата білолиці,
Зробім кінець своїм бідам,
За горе ми заплатим горем –
А доки нам сидіть над морем-
Приймімось, човни попалім.
Тогді і мусять тут остаться
І нехотя до нас прижаться;
Ось так на лід їх посадім".

48 "Спасеть же біг тебе, бабусю! –
Троянки вголос загули. –
Такої б ради, пайматусю,
Ми ізгадати не могли".
І зараз приступили к флоту
І принялися за роботу:
Огонь кресати і нести
Скіпки, тріски, солому, клоччя;
Була тут всяка з них охоча,
Пожар щоб швидче розвести.

49 Розжеврілось і загорілось,
Пішов димок до самих хмар,
Аж небо все зачервонілось,
Великий тяжко був пожар.
Човни і байдаки палали,
Соснові пороми тріщали,
Горіли дьоготь і смола.
Поки троянці оглядились,
Що добре їх троянки грілись,
То часть мала човнів була.

50 Еней, пожар такий уздрівши,
Злякався, побілів, як сніг,
І бігти всім туди звелівши,
Чимдуж до човнів сам побіг.
На гвалт у дзвони задзвонили,
По улицях в трещотки били,
Еней же на ввесь рот кричав:
"Хто в бога вірує – ратуйте!
Рубай, туши, гаси, лий, куйте!
А хто ж таку нам кучму дав-"

51 Еней од страху з плигу збився,
В умі сердега помішавсь
І зараз сам не свій зробився,
Скакав, вертівся і качавсь;
І із сього свого задору
Він, голову піднявши вгору,
Кричав, опарений мов пес.
Олимпських шпетив на всю губу,
Свою і неню лаяв любу,
Добувсь і в рот, і в ніс Зевес.

52 "Гей ти, проклятий старигане!
На землю з неба не зиркнеш,
Не чуєш, як тебе я ганю,
Зевес! – ні усом не моргнеш.
На очах більма поробились,
Коли б довіку посліпились,
Що не поможеш ти мені.
Чи се ж таки тобі не стидно,
Що пропаду, от лиш не видно–
Я ж, кажуть люди, внук тобі!

53 А ти з сідою бородою,
Пане добродію Нептун!
Сидиш, мов демон, під водою,
І зморщившись, старий шкарбун!
Коли б струхнув хоть головою
І сей пожар залив водою –
Тризубець щоб тобі зломивсь!
Ти базаринку любиш брати,
А людям в нужді помагати
Не дуже, бачу, поспішивсь.

54 І братик ваш Плутон, поганець,
Із Прозерпиною засів,
Пекельний, гаспидський коханець,
Іще себе там не нагрів–
Завів братерство з дьяволами
І в світі нашими бідами
Не погорює ні на час.
Не посилкується німало,
Щоб так палати перестало
І щоб оцей пожар погас.

55 І ненечка моя рідненька
У чорта десь тепер гуля;
А може, спить уже п'яненька
Або з хлоп'ятами ганя.
Тепер їй, бачу, не до солі,
Уже, підтикавши десь полі,
Фурцює добре навісна.
Коли сама з ким не ночує,
То для когось уже свашкує,
Для сього тяжко поспішна.

56 Та враг бери вас, – що хотіте,
Про мене, те собі робіть;
Мене на лід не посадіте,
Пожар лиш тілько погасіть;
Завередуйте по-своєму
І, будьте ласкаві, моєму
Зробіте лихові кінець.
Пустіть лиш з неба веремію
І покажіте чудасію,
А я вам піднесу ралець".

57 Тут тілько що перемолився
Еней і рот свій затулив;
Я к ось із неба дощ полився,
В годину ввесь пожар залив.
Бурхнуло з неба, мов із бочки,
Що промочило до сорочки;
То драла врозтич всі далі.
Троянці стали всі, як хлюща,
Їм лучилася невсипуща,
Не раді і дощу були.

58 Не знав же на яку ступити
Еней і тяжко горював,
Чи тут остатись, чи поплити-
Бо враг не всі човни забрав;
І миттю кинувсь до громади
Просить собі у ней поради,
Чого собою не вбагне.
Тут довго тяжко раховали
І скільки не коверзовали,
Та все було, що не оне.

59 Один з троянської громади,
Насупившися, все мовчав
І, дослухавшись до поради,
Ціпком все землю колупав.
Се був пройдисвіт і непевний,
І всім відьмам був родич кревний
Упир і знахур ворожить.
Умів і трясцю одшептати,
І кров кристьянську замовляти,
І добре знав греблі гатить.

60 Бував і в Шльонському з волами,
Не раз ходив за сіллю в Крим;
Тарані торгував возами,
Всі чумаки бралися з ним.
Він так здавався і нікчемний,
Та був розумний, як письменний,
Слова так сипав, як горох.
Уже в чім, бач, пораховати,
Що розказать – йому вже дати;
Ні в чім не був страхополох.

61 Невтесом всі його дражнили,
По-нашому ж то звавсь Охрім;
Мені так люди говорили –
Самому ж незнакомий він.
Побачив, що Еней гнівився,
До його зараз підмостився,
За білу рученьку і взяв;
І вивівши Енея в сіни,
Сам поклонився аж в коліни,
Таку Енею річ сказав:

62 "Чого ти сильно зажурився
І так надувся, як індик-
Зовсім охляв і занудився,
Мов по болотові кулик-
Чим більш журитися – все гірше,
Заплутаєшся в лісі більше,
Покинь лиш горе і заплюй.
Піди вкладися гарно спати,
А послі будеш і гадати,
Спочинь та вже тогді міркуй!"

63 Послухавши Еней Охріма,
Укрившись, на полу ліг спать;
Но лупав тільки все очима,
Не міг ні крихти задрімать.
На всі боки перевертався,
До люльки разів три приймався,
Знемігся ж, мов і задрімав.
Як ось Анхиз йому приснився,
Із пекла батечко явився
І синові таке сказав:

64 "Прокинься, милеє дитятко!
Пробуркайся і проходись,
Се твій прийшов до тебе батько,
То не сполохайсь, не жахнись.
Мене боги к тобі послали
І так сказати приказали:
Щоб ти нітрохи не журивсь,
Пошлють тобі щасливу долю,
Щоб учинив ти божу волю
І швидче в Рим переселивсь.

65 Збери всі човни, що осталась,
І гарно зараз їх оправ;
Придерж своїх, щоб не впивались,
І сю Сицилію остав.
Пливи і не журись, небоже!
Уже тобі скрізь буде гоже.
Та ще, послухай, щось скажу:
Щоб в пекло ти зайшов до мене,
Бо діло єсть мені до тебе.
Я все тобі там покажу.

66 І по олімпському закону
Уже ти пекла не минеш:
Бо треба кланятись Плутону,
А то і в Рим не допливеш.
Якусь тобі він казань скаже,
Дорогу добру в Рим покаже,
Побачиш, як живу і я.
А за дорогу не турбуйся,
До пекла навпростець прямуй
Пішком, – не треба і коня.

67 Прощай же, сизий голубочок!
Бо вже стає надворі світ;
Прощай, дитя, прощай, синочок!.."
І в землю провалився дід.
Еней спросоння як схопився,
Дрижав од страху і трусився;
Холодний лився з його піт;
І всіх троянців поскликавши,
І лагодитись приказавши,
Щоб завтра поплисти як світ.

68 К Ацесту зараз сам махнувши,
За хліб подяковав, за сіль;
І там не довго щось побувши,
Вернувся до своїх відтіль.
Ввесь день збирались та складались;
І світу тілько що дождались,
То посідали на човни.
Еней же їхав щось несміло,
Бо море дуже надоїло,
Я к чумакам дощ восени.

69 Венера тілько що уздріла,
Що вже троянці на човнах,
К Нептуну на поклон побігла,
Щоб не втопив їх у волнах.
Поїхала в своїм ридвані,
Мов сотника якого пані,
Баскими конями, як звір.
Із кінними проводниками,
З трьома назаді козаками,
А коні правив машталір.

70 Була на йому біла свита
Із шаповальського сукна,
Тясомкою кругом обшита,
Сім кіп стоялася вона.
Набакир шапочка стриміла,
Далеко дуже червоніла,
В руках же довгий був батіг;
Ім грімко ляскав він із лиха,
Скакали коні без оддиха;
Ридван, мов вихор в полі, біг.

71 Приїхала, загримотіла,
Кобиляча мов голова;
К Нептуну в хату і влетіла
Так, як із вирію сова;
І не сказавши ні півслова,
Нехай, каже, твоя здорова
Бува, Нептуне, голова!
Як навіжена, прискакала,
Нептуна в губи цілувала,
Говорячи такі слова:

72 "Коли, Нептун, мені ти дядько,
А я племінниця тобі,
Та ти ж мені хрещений батько,
Спасибі зароби собі.
Моєму поможи Енею,
Щоб він з ватагою своєю
Щасливо їздив по воді;
Уже і так пополякали,
Насилу баби одшептали,
Попався в зуби був біді".

73 Нептун, моргнувши, засміявся;
Венеру сісти попросив
І після неї облизався,
Сивухи чарочку налив;
І так її почастовавши,
Чого просила, обіщавши,
І зараз з нею попрощавсь.
Повіяв вітр з руки Енею,
Простивсь сердешненький з землею,
Як стрілочка, по морю мчавсь.

74 Поромщик їх щонайглавніший
З Енеєм їздив всякий раз,
Його слуга був найвірніший –
По-нашому він звавсь Тарас.
Сей, сидя на кормі, хитався,
По саме нільзя нахлистався
Горілочки, коли прощавсь.
Еней велів його прийняти,
Щоб не пустивсь на дно ниряти
І в лучшім місці би проспавсь.

75 Но видно, що пану Тарасу
Написано так на роду,
Щоб тільки до сього він часу
Терпів на світі сім біду.
Бо, розхитавшись, бризнув в воду,
Нирнув – і, не спитавши броду,
Наввиринки пішла душа.
Еней хотів, щоб окошилась
Біда і більш не продовжилась,
Щоб не пропали всі з коша.

ЧАСТИНА ТРЕТЯ

1 Еней-сподар, посумовавши,
Насилу трохи вгамовавсь;
Поплакавши і поридавши,
Сивушкою почастовавсь;
Но все-таки його мутило
І коло серденька крутило,
Небіжчик часто щось вздихав;
Він моря так уже боявся,
Що на богів не покладався
І батькові не довіряв.

2 А вітри ззаду все трубили
В потилицю його човнам,
Що мчалися зо всеї сили
По чорним пінявим водам.
Гребці і весла положили,
Та сидя люлечки курили
І кургикали пісеньок:
Козацьких, гарних, запорозьких,
А які знали, то московських
Вигадовали бриденьок.

3 Про Сагайдачного співали,
Либонь співали і про Січ,
Як в пікінери набирали,
Як мандровав козак всю ніч;
Полтавську славили Шведчину,
І неня як свою дитину
З двора провадила в похід;
Як під Бендер'ю воювали,
Без галушок як помирали,
Колись як був голодний год.

4 Не так то діється все хутко,
Як швидко кажуть нам казок;
Еней наш плив хоть дуже прудко,
Та вже ж він плавав не деньок;
Довгенько по морю щось шлялись
І сами о світі не знались,
Не знав троянець ні один,
Куди, про що і як швендюють,
Куди се так вони мандрують,
Куди їх мчить Анхизів син.

5 От так поплававши немало
І поблудивши по морям,
Як ось і землю видно стало,
Побачили кінець бідам!
До берега якраз пристали,
На землю з човнів повставали
І стали тута оддихать.
Ся Кумською земелька звалась,
Вона троянцям сподобалась,
Далось і їй троянців знать.

6 Розгардіяш настав троянцям,
Оп'ять забули горювать;
Буває щастя скрізь поганцям,
А добрий мусить пропадать.
І тут вони не шановались,
А зараз всі і потаскались,
Чого хотілося шукать:
Якому – меду та горілки,
Якому – молодиці, дівки,
Оскому щоб з зубів зігнать.

7 Були бурлаки сі моторні,
Тут познакомились той час,
З диявола швидкі, проворні,
Підпустять москаля якраз.
Зо всіми миттю побратались,
Посватались і покумались,
Мов зроду тутечка жили;
Хто мав к чому яку кебету,
Такого той шукав бенькету,
Всі веремію підняли.

8 Де досвітки, де вечорниці,
Або весілля де було,
Дівчата де і молодиці,
Кому родини надало,
То тут троянці і вродились;
І лиш гляди, то й заходились
Коло жінок там ворожить,
І, чоловіків підпоївши,
Жінок, куди хто знав, повівши,
Давай по чарці з ними пить.

9 Які ж були до карт охочі,
То не сиділи дурно тут;
Гуляли часто до півночі
В ніска, в пари, у лави, в жгут,
У памфиля, в візка і в кепа,
Кому ж із них була дотепа,
То в гроші грали всім листів.
Тут всі по волі забавлялись,
Пили, іграли, женихались.
Ніхто без діла не сидів.

10 Енеи один не веселився,
Йому немиле все було;
Йому Плутон та батько снився,
І пекло в голову ввійшло.
Оставивши своїх гуляти,
Пішов скрізь по полям шукати,
Щоб хто дорогу показав:
Куди до пекла мандровати,
Щоб розізнати, розпитати,
Бо в пекло стежки він не знав.

11 Ішов, ішов, аж з русих кудрів
В три ряди капав піт на ніс,
Як ось забачив щось і уздрів,
Густий пройшовши дуже ліс.
На ніжці курячій стояла
То хатка дуже обветшала,
І вся вертілася кругом;
Він, до тії прийшовши хати,
Хазяїна став викликати,
Прищурившися під вікном.

12 Еней стояв і дожидався,
Щоб вийшов з хати хто-небудь,
У двері стукав, добувався,
Хотів був хатку з ніжки спхнуть.
Як вийшла бабище старая,
Крива, горбатая, сухая,
Запліснявіла вся в шрамах;
Сіда, ряба, беззуба, коса,
Розхристана, простоволоса,
І як в намисті, вся в жовнах.

13 Еней, таку уздрівши цяцю,
Не знав із ляку де стояв;
І думав, що свою всю працю
Навіки тута потеряв.
Як ось до його підступила
Яга ся і заговорила,
Роззявивши свої уста:
"Гай, гай же, слихом послихати,
Анхизенка у віч видати,
А як забрів ти в сі міста-

14 Давно тебе я дожидаю
І думала, що вже пропав;
Я все дивлюсь та визираю,
Аж ось коли ти причвалав.
Мені вже розказали з неба,
Чого тобі пильненько треба, –
Отець твій був у мене тут".
Еней сьому подивовався
І баби сучої спитався:
Як відьму злую сю зовуть.

15 "Я Кумськая зовусь Сивилла,
Ясного Феба попадя,
При його храмі посіділа,
Давно живу на світі я!
При Шведчині я дівовала,
А татарва як набігала,
То вже я замужем була;
І першу сарану зазнаю;
Коли ж був трус, як ізгадаю,
То вся здригнусь, мовби мала.

16 На світі всячину я знаю,
Хоть нікуди і не хожу,
І людям в нужді помагаю,
І їм на звіздах ворожу:
Кому чи трясцю одігнати,
Од заушниць чи пошептати,
Або і волос ізігнать;
Шепчу – уроки проганяю,
Переполохи виливаю,
Гадюк умію замовлять.

17 Тепер ходімо лиш в каплицю,
Там Фебові ти поклонись
І обіщай йому телицю,
А послі гарно помолись.
Не пожалій лиш золотого
Для Феба світлого, ясного,
Та і мені що перекинь;
То ми тобі таки щось скажем,
А може, в пекло шлях покажем,
Іди, утрись і більш не слинь".

18 Прийшли в каплицю перед Феба,
Еней поклони бити став,
Щоб із блакитного Феб неба
Йому всю ласку показав.
Сивиллу тут замордовало,
І очі на лоб позганяло,
І дибом волос став сідий;
Клубком із рота піна билась;
Сама ж вся корчилась, кривилась,
Мов дух вселився в неї злий.

19 Тряслась, кректала, побивалась,
Як бубен, синя стала вся;
Упавши на землю, качалась,
У барлозі мов порося.
І чим Еней молився більше,
То все було Сивиллі гірше;
А послі, як перемоливсь,
З Сивилли тілько піт котився;
Еней же на неї дивився,
Дрижав од страху і трусивсь.

20 Сивилла трохи очуняла,
Отерла піну на губах;
І до Енея проворчала
Приказ од Феба в сих словах:
"Така богів Олимпських рада,
Що ти і вся твоя громада
Не будете по смерть в Римі;
Но що тебе там будуть знати,
Твоє імення вихваляти;
Но ти не радуйся сьому.

21 Іще ти вип'єш добру повну,
По всіх усюдах будеш ти;
І долю гірку, невгомонну
Готовсь свою не раз кляти.
Юнона ще не вдовольнилась,
Її злоба щоб окошилась
Хотя б на правнуках твоїх;
Но послі будеш жить по-панськи,
І люди всі твої троянські
Забудуть всіх сих бід своїх".

22 Еней похнюпивсь, дослухався,
Сивилла що йому верзла,
Стояв, за голову узявся,
Не по йому ся річ була.
"Трохи мене ти не морочиш,
Не розчовпу, що ти пророчиш, –
Еней Сивиллі говорив: –
Диявол знає, хто з вас бреше,
Трохи б мені було не легше,
Якби я Феба не просив.

23 Та вже що буде, те і буде,
А буде те, що бог нам дасть;
Не ангели – такії ж люди,
Колись нам треба всім пропасть.
До мене будь лиш ти ласкава,
Услужлива і нелукава,
Мене до батька поведи;
Я проходився б ради скуки
Побачити пекельні муки,
Ану, на звізди погляди.

24 Не перший я, та й не послідній,
Іду до пекла на поклон:
Орфей який уже негідний,
Та що ж йому зробив Плутон;
А Геркулес як увалився,
То так у пеклі розходився,
Що всіх чортяк порозганяв.
Ану! Черкнім – а для охоти
Тобі я дам на дві охвоти...
Та ну ж! скажи, щоб я вже знав".

25 "Огнем, як бачу, ти іграєш, –
Йому дала яга одвіт: –
Ти пекла, бачу, ще не знаєш,
Не мил тобі уже десь світ.
Не люблять в пеклі жартовати,
Повік тобі дадуться знати,
От тілько ніс туди посунь;
Тобі там буде не до чмиги,
Як піднесуть із отцом фиги,
То зараз вхопить тебе лунь.

26 Коли ж сю маєш ти охоту
У батька в пеклі побувать,
Мені дай зараз за роботу,
То я приймуся мусовать,
Як нам до пекла довалитись
І там на мертвих подивитись;
Ти знаєш – дурень не бере:
У нас хоть трохи хто тямущий,
Уміє жить по правді сущій,
То той, хоть з батька, то здере.

27 Поким же що, то ти послухай
Того, що я тобі скажу,
І голови собі не чухай…
Я в пекло стежку покажу:
В лісу великому, густому,
Непроходимому, пустому
Якеєсь дерево росте;
На нім кислиці не простії
Ростуть – як жар, всі золотії,
І деревце те не товсте.

28 Із дерева сього зломити
Ти мусиш гільку хоть одну;
Без неї бо ні підступити
Не можна перед сатану;
Без гільки і назад не будеш
І душу з тілом ти погубиш,
Плутон тебе закабалить.
Іди ж, та пильно приглядайся,
На всі чотири озирайся,
Де деревце те заблищить.

29 Зломивши ж, зараз убирайся,
Якмога швидше утікай;
Не становись, не оглядайся
І уха чим позатикай;
Хоть будуть голоса кричати,
Щоб ти оглянувся, прохати,
Гляди, не озирайсь, біжи.
Вони, щоб тільки погубити,
То будуть все тебе манити;
От тут себе ти покажи".

30 Я га тут чортзна-де дівалась,
Еней остався тілько сам,
Йому все яблуня здавалась,
Покою не було очам;
Шукать її Еней попхався,
Втомивсь, засапавсь, спотикався,
Поки прийшов під темний ліс;
Коловсь сердешний об тернину,
Пошарпався весь об шипшину,
Було таке, що рачки ліз.

31 Сей ліс густий був несказанно,
І сумно все в йому було;
Щось вило там безперестанно
І страшним голосом ревло;
Еней, молитву прочитавши
І шапку цупко підв'язавши,
В лісную гущу і пішов,
Ішов і утомивсь чимало,
І надворі тогді смеркало,
А яблуні ще не знайшов.

32 Уже він начинав боятись,
На всі чотири озиратись;
Трусивсь, та нікуди діватись,
Далеко тяжко в ліс забравсь;
А гірше ще його злякало,
Як щось у очах засіяло,
От тут-то берега пустивсь;
А послі дуже удивився,
Як під кислицей опинився, –
За гільку зараз ухвативсь.

33 І не подумавши німало,
Нап'явсь, за гілечку смикнув,
Аж дерево те затріщало,
І зараз гільку одчахнув.
І дав чимдуж із лісу драла,
Що аж земля під ним дрижала,
Біг так, що сам себе не чув;
Біг швидко, не остановлявся,
Увесь об колючки подрався;
Як чорт, у реп'яхах ввесь був.

34 Прибіг к троянцям, утомився
І оддихати простягнувсь;
Як хлюща, потом ввесь облився,
Трохи-трохи не захлебнувсь.
Звелів з бичні волів пригнати,
Цапів з вівцями припасати,
Плутону в жертву принести,
І всім богам, що пеклом правлять
І грішних тормошать і давлять,
Щоб гніву їм не навести.

35 Як тілько темна та пахмурна
Із неба злизла чорна ніч;
Година ж стала балагурна,
Як звізди повтікали пріч;
Троянці всі заворушились,
Завештались, закамешились
На жертву приганять биків;
Дяки з попами позбирались,
Зовсім служити всі прибрались,
Огонь розкладений горів.

36 Піп зараз взяв вола за роги
І в лоб обухом зацідив,
І взявши голову між ноги,
Ніж в черево і засадив;
І виняв тельбухи з кишками,
Розклав гарненько їх рядами
І пильно кендюх розглядав;
Енею послі божу волю
І всім троянцям добру долю,
Мов по звіздам, все віщовав.

37 Як тут з скотиною возились
І харамаркали дяки,
Як вівці і цапи дрочились,
В різницях мов ревли бики;
Сивилла тут де не взялася,
Запінилася і тряслася,
І галас зараз підняла:
"К чортам ви швидче всі ізгиньте,
Мене з Енеєм тут покиньте,
Не ждіть, щоб тришия дала.

38 А ти, – мовляла ко Енею: –
Моторний, смілий молодець,
Прощайся з юрбою своєю,
Ходім лиш в пекло – там отець
Нас твій давно вже дожидає
І, може, без тебе скучає.
Ану, пора чимчиковать.
Возьми на плечі з хлібом клунок;
Нехай йому лихий прасунок,
Як голодом нам помирать.

39 Не йди в дорогу без запасу,
Бо хвіст од голоду надмеш;
І де-где инчого ти часу
І крихти хліба не найдеш;
Я в пекло стежку протоптала,
Я там не раз, не два бувала,
Я знаю тамошній народ;
Дорожки всі, всі уголочки,
Всі закоморочки, куточки,
Уже не первий знаю год".

40 Еней в сю путь якраз зібрався,
Шкапові чоботи набув,
Підтикався, підперезався
І пояс цупко підтягнув;
А в руки добру взяв дрючину,
Обороняти злу личину,
Як лучиться де од собак.
А послі за руки взялися,
Прямцем до пекла поплелися,
Пішли на прощу до чортяк.

41 Тепер же думаю, гадаю,
Трохи не годі і писать;
Ізроду пекла я не знаю,
Нездатний, далебі, брехать;
Хіба, читателі, пождіте,
Вгамуйтесь трохи, не галіте,
Піду я до людей старих;
Щоб їх о пеклі розпитати
І попрошу їх розказати,
Що чули од дідів своїх.

42 Виргилій же, нехай царствує,
Розумненький був чоловік,
Нехай не вадить, як не чує,
Та в давній дуже жив він вік.
Не так тепер і в пеклі стало,
Як в старину колись бувало
І як покійник написав;
Я, може, що-небудь прибавлю;
Переміню і що оставлю,
Писну – як од старих чував.

43 Еней з Сивиллою хватались,
До пекла швидче щоб прийти,
І дуже пильно приглядались,
До пекла двері як найти.
Як ось перед якуюсь гору
Прийшли, і в ній велику нору
Знайшли і вскочили туди.
Пішли під землю темнотою,
Еней все щупався рукою,
Щоб не ввалитися куди.

44 Ся улиця вела у пекло,
Була вонюча і грязна;
У ній і вдень було, мов смеркло,
Од диму вся була чадна;
Жила з сестрою тут Дрімота,
Сестра же звалася Зівота,
Поклон сі перші оддали
Тімасі нашому Енею
З його старою попадею –
І послі далі повели.

45 А потім Смерть до артикулу
Ім воздала косою честь,
Наперед стоя калавуру,
Який у її мосці єсть:
Чума, война, харцизство, холод,
Короста, трясця, парші, голод;
За сими ж тут стояли в ряд:
Холера, шолуді, бешиха
І всі мирянські, знаєш, лиха,
Що нас без милости морять.

46 Іще ж не все тут окошилось,
Іще брела ватага лих:
За смертію слідом валилось
Жінок, свекрух і мачух злих.
Відчими йшли, тесті-скуп'яги,
Зяті і свояки-мотяги,
Сердиті шурини, брати,
Зовиці, невістки, ятровки –
Що все гризуться без умовки –
І всякі тут були кати.

47 Якіїсь злидні ще стояли,
Жовали все в зубах папір,
В руках каламарі держали,
За уха настромляли пір.
Се все десятські та соцькії,
Начальники, п'явки людськії
І всі прокляті писарі;
Ісправники все ваканцьові,
Судді і стряпчі безтолкові,
Повірені, секретарі.

48 За сими йшли святі понури,
Що не дивились і на світ,
Смиренної були натури,
Складали руки на живіт;
Умильно богу все молились,
На тиждень днів по три пестились
І вслух не лаяли людей;
На чотках мир пересуждали
І вдень ніколи не гуляли,
Вночі ж було не без гостей.

49 Насупротив сих окаянниць
Квартал був цілий волоцюг,
Моргух, мандрьох,ярижниць, п'яниць
І бахурів на цілий плуг;
З бстриженими головами,
З підрізаними пеленами,
Стояли хльорки наголо.
І панночок фільтіфікетних,
Лакеїв гарних і дотепних,
Багацько дуже щось було.

50 І молодиці молоденькі,
Що вийшли заміж за старих,
Що всякий час були раденькі
Потішить парнів молодих;
І ті тут молодці стояли,
Що недотепним помагали
Для них сімейку розплодить;
А діти гуртові кричали,
Своїх паньматок проклинали,
Що не дали на світі жить.

51 Еней хоть сильно тут дивився
Такій великій новині,
Та вже од страху так трусився,
Мов сидя охляп на коні.
Побачивши ж іще іздалі,
Які там дива плазовали,
Кругом, куди ні поглядиш,
Злякавсь, к Сивиллі прихилився.
Хватавсь за дергу і тулився,
Мов од кота в коморі миш.

52 Сивилла в дальший путь таскала,
Не баскаличивсь би та йшов;
І так швиденько поспішала,
Еней не чув аж підошов,
Хватаючися за ягою;
Як ось уздріли пред собою
Чрез річку в пекло перевіз.
Ся річка Стиксом називалась,
Сюди ватага душ збиралась,
Щоб хто на той бік перевіз.

53 І перевізчик тут явився,
Як циган, смуглой цери був,
Од сонця ввесь він попалився
І губи, як арап, оддув;
Очища в лоб позападали,
Сметаною позапливали,
А голова вся в ковтунах;
Із рота слина все котилась,
Як повстка, борода скомшилась,
Всім задавав собою страх.

54 Сорочка, зв'язана узлами,
Держалась всилу на плечах,
Попричепляна мотузками,
Як решето, була в дірках;
Замазана була на палець,
Засалена, аж капав смалець,
Обутий в драні постоли;
Із дір онучі волочились,
Зовсім, хоть вижми, помочились,
Пошарпані штани були.

55 За пояс лико одвічало,
На йому висів гаманець;
Тютюн, і люлька, і кресало,
Лежали губка, кремінець.
Хароном перевізник звався,
Собою дуже величався,
Бо і не в шутку був божок:
З крючком весельцем погрібався.
По Стиксові, як стрілка, мчався,
Був човен легкий, як пушок.

56 На ярмарку як слобожане
Або на красному торгу
До риби товпляться миряне,
Було на сьому так лугу.
Душа товкала душу в боки
І скреготали, мов сороки;
Той пхавсь, той сунувсь, инчий ліз;
Всі м'ялися, перебирались,
Кричали, спорили і рвались,
І всяк хотів, його щоб віз.

57 Як гуща в сирівці іграє,
Шиплять, як кваснуть, буряки,
Як против сонця рій гуляє,
Гули сі так небораки,
Харона, плачучи, прохали,
До його руки простягали,
Щоб взяв з собою на каюк;
Но сей того плачу байдуже,
На просьби уважав не дуже:
Злий з сина був старий дундук.

58 І знай, що все веслом махає
І в морду тиче хоч кому,
Од каюка всіх одганяє,
А по вибору своєму
Потрошечку в човен сажає,
І зараз човен одпихає,
На другий перевозить бік;
Кого не візьме, як затнеться,
Тому сидіти доведеться,
Гляди – і цілий, може, вік.

59 Еней в кагал сей як убрався,
Щоб зближитися к порому;
То з Палінуром повстрічався,
Штурмановав що при йому.
Тут Палінур пред ним заплакав,
Про долю злу свою балакав,
Що через річку не везуть;
Но баба зараз розлучила,
Енею в батька загвоздила,
Щоб довго не базікав тут.

60 Попхались к берегу поближче,
Прийшли на самий перевіз,
Де засмальцьований дідище
Вередовав, як в греблі біс;
Кричав буцімто навіжений,
І кобенив народ хрещений,
Як водиться в шиньках у нас;
Досталось родичам сердешним,
Не дуже лаяв словом гречним,
Нехай же зносять в добрий час.

61 Харон, таких гостей уздрівши,
Оскілками на їх дививсь,
Як бик скажений заревівши,
Запінивсь дуже і озливсь:
"Відкіль такії се мандрьохи,
І так уже вас тут не трохи,
Якого чорта ви прийшли-
Вас треба хати холодити!
Вас треба так опроводити,
Щоб ви і місця не найшли.

62 Геть, преч, вбирайтесь відсіль к чорту,
Я вам потилишника дам;
Поб'ю всю пику, зуби, морду,
Аж не пізна вас дідько сам;
Ійон же як захрабровали,
Живі сюди примандровали,
Бач, гиряві, чого хотять!
Не дуже я на вас поквдплюсь,
Тут з мертвими ось не управлюсь,
Що так над шиєю стоять".

63 Сивилла бачить, що не шутка,
Бо дуже сердиться Харон;
Еней же був собі плохутка;
Дала стариганю поклон:
"Та ну, на нас лиш придивися, –
Сказала, – дуже не гнівися,
Не сами ми прийшли сюди;
Хіба ж мене ти не пізнаєш,
Що так кричиш, на нас гукаєш –
Оце невидані біди!

64 Ось глянься, що оце такеє!
Утихомирся, не бурчи;
Ось деревце, бач, золотеє,
Тепер же, коли хоч, мовчи".
Потім все дрібно розказала,
Кого до пекла провожала,
До кого, як, про що, за чим.
Харон же зараз схаменувся,
Разів з чотири погребнувся
І з каючком причалив к ним.

65 Еней з Сивиллою своєю
Не мішкавши в човен ввійшли;
Кальною річкою сією
На той бік в пекло попливли;
Вода в розколини лилася,
Що аж Сивилла піднялася,
Еней боявсь, щоб не втонуть,
Но пан Харон наш потрудився,
На той бік так перехопився,
Що нільзя оком ізмигнуть.

66 Приставши, висадив на землю;
Взяв пів-алтина за труди,
За працьовиту свою греблю,
І ще сказав, іти куди.
Пройшовши відсіль гонів з двоє,
Побравшись за руки обоє,
Побачили, що ось лежав
У бур'яні бровко муругий,
Три голови мав пес сей мурий,
Він на Енея загарчав.

67 Загавкав грізно в три язики,
Уже був кинувсь і кусать,
Еней підняв тут крик великий,
Хотів чимдуж назад втікать.
Аж баба хліб бровку шпурнула
І горло глевтяком заткнула,
То він за кормом і погнавсь;
Еней же з бабою старою,
То сяк, то так, попід рукою,
Тихенько од бровка убравсь.

68 Тепер Еней убрався в пекло,
Прийшов зовсім на инчий світ;
Там все поблідло і поблекло,
Нема ні місяця, ні звізд,
Там тільки тумани великі,
Там чутні жалобниї крики,
Там мука грішним не мала.
Еней з Сивиллою гляділи,
Якії муки тут терпіли,
Якая кара всім була.

69 Смола там в пеклі клекотіла
І грілася все в казанах,
Живиця, сірка, нефть кипіла;
Палав огонь, великий страх!
В смолі сій грішники сиділи
І на огні пеклись, горіли.
Хто, як, за віщо заслужив.
Пером не можна написати,
Не можна і в казках сказати.,
Яких було багацько див!

70 Панів за те там мордовали
І жарили зо всіх боків,
Що людям льготи не давали
І ставили їх за скотів.
За те вони дрова возили,
В болотах очерет косили,
Носили в пекло на підпал.
Чорти за ними приглядали,
Залізним пруттям підганяли,
Коли який з них приставав.

71 Огненним пруттям оддирали
Кругом на спину і живіт,
Себе що сами убивали,
Яким остив наш білий світ.
Гарячим дьогтем заливали,
Ножами під боки штрикали,
Щоб не хапались умирать.
Робили рознії їм муки,
Товкли у мужчирях їм руки,
Не важились щоб убивать.

72 Багатим та скупим вливали
Розтопленеє срібло в рот,
А брехунів там заставляли
Лизать гарячих сковород;
Які ж ізроду не .женились,
Та по чужим кутках живились,
Такі повішані на крюк,
Зачеплені за теє тіло,
На світі що грішило сміло
І не боялося сих мук.

73 Всім старшинам тут без розбору,
Панам, підпанкам і слугам
Давали в пеклі добру хльору,
Всім по заслузі, як котам.
Тут всякії були цехмистри,
І ратмани, і бургомистри,
Судді, підсудки, писарі,
Які по правді не судили
Та тільки грошики лупили
І одбирали хабарі.

74 І всі розумні филозопи,
Що в світі вчились мудровать;
Ченці, попи і крутопопи,
Мирян щоб знали научать;
Щоб не ганялись за гривнями,
Щоб не возились з попадями,
Та знали церков щоб одну;
Ксьондзи до баб щоб не іржали,
А мудрі звізд щоб не знімали –
Були в огні на самім дну.

75 Жінок своїх що не держали
В руках, а волю їм давали,
По весіллях їх одпускали,
Щоб часто в приданках були
І до півночі там гуляли,
І в гречку деколи скакали,
Такі сиділи всі в шапках,
І з превеликими рогами,
З зажмуреними всі очами,
В кип'ячих сіркой казанах.

76 Батьки, які синів не вчили,
А гладили по головах,
І тілько знай що їх хвалили,
Кипіли в нефті в казанах;
Що через їх синки в ледащо
Пустилися, пішли в нінащо,
А послі чубили батьків,
І всею силою бажали,
Батьки щоб швидче умирали,
Щоб їм принятись до замків.

77 І ті були там лагоминці,
Піддурювали що дівок,
Що в вікна дрались по драбинці
Під темний, тихий вечерок;
Що будуть сватать їх, брехали,
Підманювали, улещали,
Поки добрались до кінця;
Поки дівки од перечосу
До самого товстіли носу,
Що сором послі до вінця.

78 Були там купчики проворні,
Що їздили по ярмаркам,
І на аршинець на підборний
Поганий продавали крам.
Тут всякії були пронози,
Перекупки і шмаровози,
Жиди, міняйли, шинькарі.
І ті, що фиги-миги возять,
Що в боклагах гарячий носять,
Там всі пеклися крамарі.

79 Паливоди і волоцюги,
Всі зводники і всі плути;
Ярижники і всі п'янюги,
Обманщики і всі моти,
Всі ворожбити, чародії,
Всі гайдамаки, всі злодії,
Шевці, кравці і ковалі;
Цехи: різницький, коновальський,
Кушнірський, ткацький, шаповальський
Кипіли в пеклі всі в смолі.

80 Там всі невірні і христьяне,
Були пани і мужики,
Була там шляхта і міщане,
І молоді, і старики;
Були багаті і убогі,
Прямі були і кривоногі,
Були видющі і сліпі,
Були і штатські, і воєнні,
Були і панські, і казенні,
Були миряне і попи.

81 Гай! гай! та нігде правди діти,
Брехня ж наробить лиха більш;
Сиділи там скучні піїти,
Писарчуки поганих вірш,
Великії терпіли муки,
Їм зв'язані були і руки,
Мов у татар терпіли плін.
От так і наш брат попадеться,
Що пише, не остережеться,
Який же втерпить його хрін!

82 Якусь особу мацапуру
Там шкварили на шашлику,
Гарячу мідь лили за шкуру
І розпинали на бику.
Натуру мав він дуже бридку,
Кривив душею для прибитку,
Чужеє оддавав в печать;
Без сорома, без бога бувши
І восьму заповідь забувши,
Чужим пустився промишлять.

83 Еней як відсіль відступився
І далі трохи одійшов,
То на другеє нахопився,
Жіночу муку тут найшов.
В другім зовсім сих каравані
Піджарьовали, як у бані,
Що аж кричали на чім світ;
Оці то галас ісправляли,
Гарчали, вили і пищали,
Після куті мов на живіт.

84 Дівки, баби і молодиці
Кляли себе і ввесь свій рід,
Кляли всі жарти, вечерниці,
Кляли і жизнь, і білий світ;
За те їм так там задавали,
Що через міру мудровали
І верховодили над всім;
Хоть чоловік і не онеє,
Коли же жінці, бачиш, теє,
То треба угодити їй.

85 Були там чесні постомолки,
Що знали весь святий закон,
Молилися без остановки
І били сот по п'ять поклон,
Як в церкві між людьми стояли,
І головами все хитали,
Як же були на самоті,
То молитовники ховали,
Казились, бігали, скакали
І гірше дещо в темноті.

86 Були і тії там панянки,
Що наряжались на показ;
Мандрьохи, хльорки і діптянки,
Що продають себе на час.
Сі в сірці і в смолі кипіли
За те, що жирно дуже їли
І що їх не страшив і піст;
Що все прикушовали губи,
І скалили біленькі зуби,
І дуже волочили хвіст.

87 Пеклись тут гарні молодиці,
Аж жаль було на них глядіть,
Чорняві, повні, милолиці;
І сі тут мусили кипіть,
Що замуж за старих ходили
І мишаком їх поморили,
Щоб послі гарно погулять
І з парубками поводитись,
На світі весело нажитись
І не голодним умирать.

88 Якіїсь мучились там птахи
З куделями на головах;
Се чеснії, не потіпахи,
Були тендітні при людях;
А без людей – не можна знати
Себе чим мали забавляти,
Про те лиш знали до дверей.
Ім тяжко в пеклі докоряли,
Смоли на щоки наліпляли,
Щоб не дурили так людей.

89 Бо щоки терли манією,
А блейвасом і ніс, і лоб,
Щоб краскою, хоть не своєю,
Причаровать к собі кого б;
Із ріпи підставляли зуби,
Я лозили все смальцем губи,
Щоб підвести на гріх людей;
Пиндючили якіїсь бочки,
Мостили в пазусі платочки,
В которих не було грудей.

90 За сими по ряду шкварчали
В розпалених сковородах
Старі баби, що все ворчали,
Базікали по всіх ділах;
Все тілько старину хвалили,
А молодих товкли та били,
Не думали ж, які були,
Іще як сами дівовали
Та з хлопцями як гарцювали,
Та й по дитинці привели.

91 Відьом же тут колесовали
І всіх шептух і ворожок,
Там жили з них чорти мотали
І без витушки на клубок;
На припічках щоб не орали,
У комини щоб не літали,
Не їздили б на упирях;
І щоб дощу не продавали,
Вночі людей щоб не лякали,
Не ворожили б на бобах.

92 А зводницям таке робили,
Що цур йому вже і казать,
На гріх дівок що підводили
І сим учились промишлять;
Жінок од чоловіків крали
І волоцюгам помагали
Рогами людський лоб квічать;
Щоб не своїм не торговали,
Того б на одкуп не давали,
Що треба про запас держать.

93 Еней там бачив щось немало
Кип'ящих мучениць в смолі,
Як з кабанів топилось сало,
Так шкварилися сі в огні;
Були і світські, і черниці,
Були дівки і молодиці,
Були і паньї, й панночки;
Були в свитках, були в охвотах,
Були в дульєтах і в капотах,
Були всі грішні жіночки.

94 Но се були все осуджені,
Які померли не тепер;
Без суду ж не палив пекельний
Огонь, недавно хто умер;
Сі всі були в другім загоні,
Якби лошата або коні,
Не знали попадуть куда;
Еней, на перших подивившись
І о бідах їх пожурившись,
Пішов в другії ворота.

95 Еней, ввійшовши в сю кошару,
Побачив там багацько душ,
Вмішавшися між сю отару,
Як між гадюки чорний уж.
Тут розні душі похожали,
Все думали та все гадали,
Куди-то за гріхи їх впруть.
Чи в рай їх пустять веселитись,
Чи, може, в пекло пошмалитись
І за гріхи їм носа втруть.

96 Було їм вільно розмовляти
Про всякії свої діла,
І думати, і мізковати –
Яка душа, де, як жила;
Багатий тут на смерть гнівився,
Що він з грішми не розлічився,
Кому і кілько треба дать;
Скупий же тосковав, нудився,
Що він на світі не нажився
І що не вспів і погулять.

97 Сутяга толковав укази,
І що то значить наш Статут;
Розказовав свої прокази,
На світі що робив сей плут.
Мудрець же физику провадив,
І толковав якихсь монадів,
І думав, відкіль взявся світ-
А мартопляс кричав, сміявся,
Розказовав і дивовався,
Як добре знав жінок дурить.

98 Суддя там признавався сміло,
Що з гудзиками за мундир
Таке переоначив діло,
Що, може б, навістив Сибір;
Та смерть ізбавила косою,
Що кат легенькою рукою
Плечей йому не покропив.
А лікар скрізь ходив з ланцетом,
З слабітільним і спермацетом
І чванивсь, як людей морив.

99 Ласощохлисти похожали,
Всі фертики і паничі,
На пальцях ногтики кусали,
Розприндившись, як павичі;
Все очі вгору піднімали,
По світу нашому вздихали,
Що рано їх побрала смерть;
Що трохи слави учинили,
Не всіх на світі подурили,
Не всім успіли морду втерть.

100 Моти, картьожники, п'янюги
І весь проворний чесний род;
Лакеї, конюхи і слуги,
Всі кухарі і скороход,
Побравшись за руки, ходили
І все о плутнях говорили,
Які робили, як жили,
Як паней і панів дурили,
Як по шиньках вночі ходили
І як з кишень платки тягли.

101 Там придзигльованки журились,
Що нікому вже підморгнуть,
За ними більш не волочились,
Тут їх заклекотіла путь;
Баби тут більш не ворожили
І простодушних не дурили.
Які ж дівок охочі бить,
Зубами з серця скреготали,
Що наймички їх не вважали
І не хотіли їм годить.

102 Еней уздрів свою Дидону,
Ошмалену, мов головня,
Якраз по нашому закону
Пред нею шапочку ізняв:
"Здорова! – глянь... де ти взялася-
І ти, сердешна, приплелася
Із Карфагени аж сюди-
Якого біса ти спеклася,
Хіба на світі нажилася-
Чорт мав тобі десь і стида.

103 Така смачная молодиця,
І глянь! умерла залюбки...
Рум'яна, повна, білолиця,
Хто гляне, то лизне губки;
Тепер з тебе яка утіха-
Ніхто не гляне і для сміха,
Навік тепер пропала ти!
Я, далебі, в тім не виною,
Що так роз'їхався з тобою,
Мені приказано втекти.

104 Тепер же, коли хоч, злигаймось
І нумо жить так, як жили,
Тут закурім, заженихаймось,
Не розлучаймось ніколи;
Ходи, тебе я помилую,
Прижму до серця – поцілую..."
Йому ж: Дидона наодріз
Сказала: "К чорту убирайся,
На мене більш не женихайся...
Не лізь! Бо розіб'ю і ніс!"

105 Сказавши, чортзна-де пропала,
Еней не знав, що і робить.
Коли б яга не закричала,
Що довго годі говорить,
То, може б, там і застоявся
І, може, той пори дождався,
Щоб хто і ребра полічив:
Щоб з вдовами не женихався,
Над мертвими не наглумлявся,
Жінок любов'ю не морив.

106 Еней з Сивиллою попхався
В пекельную подалі глуш;
Як на дорозі повстрічався
З громадою знакомих душ.
Тут всі з Енеєм обнімались,
Чоломкались іціловались,
Побачивши князька свого;
Тут всяк сміявся, реготався,
Еней до всіх їх доглядався,
Знайшов з троянців ось кого:

107 Педька, Терешка, Шеліфона,
Панька, Охріма і Харка,
Леська, Олешка і Сізьона,
Пархомаї їська і Феська,
Стецька, Ониська, Опанаса,
Свирида, Лазаря, Тараса,
Були Денис, Остап, Овсій
І всі троянці, що втопились,
Як на човнах з ним волочились,
Тут був Вернигора Мусій.

108 Жидівська школа завелася,
Великий крик всі підняли,
І реготня де не взялася,
Тут всяку всячину верзли;
Згадали чорт знає колишнє,
Балакали уже і лишнє,
І сам Еней тут розходивсь;
Щось балагурили довгенько,
Хоть ізійшлися і раненько,
Та пан Еней наш опізнивсь.

109 Сивиллі се не показалось,
Що так пахолок застоявсь,
Що дитятко так розбрехалось,
Уже і о світі не знавсь;
На його грізно закричала,
Залаяла, запорощала,
Що аж Еней ввесь затрусивсь.
Троянці також всі здригнули
І врозтич, хто куди, махнули,
Еней за бабою пустивсь.

110 Ішли, і як би не збрехати,
Трохи не з пару добрих гін,
Як ось побачили і хати,
І ввесь Плутонів царський дім.
Сивилла пальцем указала
І так Енеєві сказала:
"Ось тут і пан Плутон живе
Із Прозерпиною своєю,
До їх-то на поклон з гіллею
Тепер я поведу тебе".

111 І тільки що прийшли к воротам
І в двір пустилися чвалать,
Як баба бридка, криворота:
"Хто йде-" – їх стала окликать.
Мерзенне чудо се стояло
І било під двором в клепало,
Як в панських водиться дворах;
Обмотана вся ланцюгами,
Гадюки вилися клубками
На голові і на плечах.

112 Вона без всякого обману
І щиро без обиняків
Робила грішним добру шану,
Ремнями драла, мов биків;
Кусала, гризла, бичовала,
Кришила, шкварила, щипала,
Топтала, дряпала, пекла,
Порола, корчила, пиляла,
Вертіла, рвала, шпиговала
І кров із тіла їх пила.

113 Еней, бідняжка, ізлякався
І ввесь, як крейда, побілів,
І зараз у яги спитався,
Хто їй так мучити велів-
Вона йому все розказала
Так, як сама здорова знала,
Що в пеклі є суддя Еак;
Хоть він на смерть не осуждає,
Та мучити повеліває,
І як звелить – і мучать так.

114 Ворота сами одчинились,
Не смів ніхто їх задержать,
Еней з Сивиллою пустились,
Щоб Прозерпині честь оддать.
І піднести їй на болячку
Ту суто золоту гіллячку,
Що сильно так вона бажа.
Но к ній Енея не пустили,
Прогнали, трохи і не били,
Бо хиріла їх госпожа.

115 А далі вперлися в будинки
Підземного сього царя,
Ні гич, ні гариля пилинки,
Було все чисто, як зоря;
Цвяховані були там стіни
І вікна всі з морської піни;
Шумиха, оливо, свинець,
Блищали міді там і криці,
Всі убрані були світлиці;
По правді, панський був дворець.

116 Еней з ягою розглядали
Всі дива там, які були,
Роти свої пороззявляли
І очі на лоби п'яли;
Проміж собою все зглядались –
Всьому дивились, осміхались,
Еней то цмокав, то свистав.
От тут-то душі ликовали,
Що праведно в миру живали,
Еней і сих тут навіщав.

117 Сиділи, руки поскладавши,
Для них все празники були;
Люльки курили, полягавши,
Або горілочку пили,
Не тютюнкову і не пінну,
Но третьопробну, перегінну,
Настояную на бодян;
Під челюстями запікану,
І з ганусом, і до калгану,
В ній був і перець, і шапран.

118 І ласощі все тілько їли,
Сластьони, коржики, стовпці,
Варенички пшеничні, білі,
Пухкі з кав'яром буханці;
Часник, рогіз, паслін, кислиці,
Козельці, терн, глід, полуниці,
Крутії яйця з сирівцем;
І дуже вкусную яєшню,
Якусь німецьку, не тутешню,
А запивали все пивцем.

119 Велике тут було роздолля
Тому, хто праведно живе,
Так, як велике безголов'я
Тому, хто грішну жизнь веде;
Хто мав к чому яку охоту,
Тут утішався тим до поту;
Тут чистий був розгардіяш:
Лежи, спи, їж, пий, веселися,
Кричи, мовчи, співай, крутися;
Рубайсь – так і дадуть палаш.

120 Ні чванились, ні величались,
Ніхто не знав тут мудровать,
Крий боже, щоб ні догадались
Брат з брата в чім покепковать;
Ні сердилися, ні гнівились,
Ні лаялися і не бились,
А всі жили тут люб'язно;
Тут всякий гласно женихався.
Ревнивих ябед не боявся,
Було вобще все за одно.

121 Ні холодно було, ні душно,
А саме так, як в сіряках,
І весело, і так не скучно,
На великодних як святках;
Коли кому що захотілось,
То тут як з неба і вродилось,
От так-то добрі тут жили.
Еней, се зрівши, дивовався
І тут яги своєї спитався,
Які се праведні були-

122 "Не думай, щоб були чиновні, –
Сивилла сей дала одвіт, –
Або що грошей скрині повні,
Або в яких товстий живіт;
Не ті се, що в цвітних жупанах,
В карамзинах або сап'янах;
Не ті ж, що з книгами в руках,
Не рицарі, не розбишаки;
Не ті се, що кричать: "І паки",
Не ті, що в золотих шапках.

123 Се бідні нищі навіжені
Що дурнями зчисляли їх
Старці хромі сліпорождені
З яких був людський глум і сміх
Се що з порожніми сумками
Жили голодні під тинами,
Собак дражнили по дворах,
Се ті, що біг дасть получали,
Се ті, яких випроважали
В потилюцю і по плечах.

124 Се вдови бідні, безпомощні,
Яким приюту не було;
Се діви чесні, непорочні
Яким спідниці не дуло;
Се що без родичів остались...
І сиротами називались,
А послі вгались і в оклад;
Се що проценту не лупили,
Що людям помагать любили,
Хто чим багат, то тим і рад.

125 Тут також старшина правдива,
Бувають всякії пани;
Но тільки трохи сього дива,
Не квапляться на се вони!
Бувають військові, значкові,
І сотники, і бунчукові,
Які правдиву жизнь вели;
Тут люде всякого завіту,
По білому єсть кілько світу,
Которі праведно жили".

126 "Скажи ж, моя голубко сиза, –
Іще Еней яги спитав. –
Чом батька я свого Анхиза
І досі в вічі не видав-
Ні з грішними, ні у Плутона,
Хіба йому нема закона,
Куди його щоб засадить-"
"Він божої, – сказала, – крові,
І по Венериній любові,
Де схоче, буде там і жить".

127 Базікавши, зійшли на гору,
На землю сіли оддихать,
І, попотівши саме впору,
Тут принялися розглядать,
Анхиза щоб не прогуляти,
Обридло-бо і так шукати;
Анхиз же був тогді внизу,
І, похожавши по долині,
Об миленькій своїй дитині
Водив по мізку коверзу.

128 Як глядь на гору ненароком,
І там свого синка уздрів,
Побіг старий не просто – боком
І ввесь од радости згорів.
Хватавсь з синком поговорити,
О всіх спитатись, розпросити
І повидатись хоть часок;
Енеєчка свого обняти,
По-батьківській поціловати,
Його почути голосок.

129 "Здоров, синашу, ма дитятко! –
Анхиз Енеєві сказав. –
Чи се ж тобі таки не стидно,
Що довго я тебе тут ждав-
Ходім лишень к моїй господі,
Та поговорим на свободі,
За тебе будем мірковать".
Еней стояв так, мов дубина,
Котилась з рота тілько слина,
Не смів мертвця поціловать.

130 Анхиз, сю бачивши причину,
Чого синочок сумовав,
І сам хотів обнять дитину –
Та ба! уже не в ту попав;
Принявсь його щоб научати
І тайности йому сказати,
Який Енеїв буде плід,
Якії діти будуть жваві,
На світі зроблять скільки слави,
Яким то хлопцям буде дід.

131 Тогді-то в пеклі вечерниці
Лучились, бачиш, як на те,
Були дівки та молодиці
І там робили не пусте:
У ворона собі іграли,
Весільних пісеньок співали,
Співали тут і колядок;
Палили клоччя, ворожили,
По спині лещатами били,
Загадовали загадок.

132 Тут заплітали джерегелі,
Дробушечки на головах;
Скакали по полу вегері,
В тісної баби по лавках;
А в комин сужених питали,
У хатніх вікон підслухали,
Ходили в північ по пусткам;
До свічки ложечки палили,
Щетину із свині шмалили
Або жмурились по кутках.

133 Сюди привів Анхиз Енея
І між дівок сих посадив;
Як неука і дуралея,
Принять до гурту їх просив;
І щоб обом їм услужили,
Як знають, так поворожили,
Що стрінеться з його синком:
Чи він хоть трохи уродливий,
К чому і як Еней щасливий,
Щоб всіх спитались ворожок.

134 Одна дівча була гостренька
І саме ухо прехихе,
Швидка, гнучка, хвистка, порськенька,
Було з диявола лихе.
Вона тут тілько і робила,
Що всім гадала, ворожила,
Могуща в ділі тім була;
Чи брехеньки які сточити,
Кому імення приложити,
То так якраз і додала.

135 Призвідця зараз ся шептуха
І примостилась к старику,
Йому шепнула біля уха
І завела з ним річ таку:
"Ось я синкові загадаю,
Поворожу і попитаю,
Йому що буде, розкажу;
Я ворожбу такую знаю,
Хоть що, по правді одгадаю,
І вже ніколи не збрешу".

136 І зараз в горщечок наклала
Відьомських разних-всяких трав,
Які на Костянтина рвала,
І те гніздо, що ремез клав:
Васильки, папороть, шевлію,
Петрів батіг і конвалію,
Любисток, просерень, чебрець;
І все се налила водою
Погожею, непочатою,
Сказавши скількось і словець.

137 Горщок сей черепком накрила,
Поставила його на жар,
І тут Енея присадила,
Щоб огоньок він роздував;
Як розігрілось, зашипіло,
Запарилось, заклекотіло,
Ворочалося зверху вниз;
Еней наш насторочив уха,
Мов чоловічий голос слуха,
Те чує і старий Анхиз.

138 Як стали роздувать пильніше,
Горщок той дужче клекотав,
Почули голос виразніше,
І він Енею так сказав:
"Енею годі вже журитись,
Од його має розплодитись
Великий і завзятий рід;
Всім світом буде управляти,
По всіх усюдах воювати,
Підверне всіх собі під спід.

139 І Римськії поставить стіни,
В них буде жити, як в раю;
Великі зробить переміни
Во всім окружнім там краю;
Там буде жить та поживати,
Покіль не будутьціловати
Ноги чиєїсь постола...
Но відсіль час тобі вбираться
І з панотцем своїм прощаться,
Щоб голова тут не лягла".

140 Сього Анхизу не бажалось,
Щоб попрощатися з синком,
І в голову йому не клалось,
Щоб з ним так бачитись мельком.
Та ба! вже нічим пособити,
Енея треба відпустити,
Із пекла вивести на світ.
Прощалися і обнімались,
Слізьми гіркими обливались –
Анхиз кричав, як в марті кіт.

141 Еней з Сивиллою старою
Із пекла бігли напростець;
Синок ворочав головою,
Поки аж не сховавсь отець;
Прийшов к троянцям помаленьку
І крався нишком, потихеньку,
Де їм велів себе пождать.
Троянці покотом лежали
І на дозвіллі добре спали –
Еней і сам уклався спать.

ЧАСТИНА ЧЕТВЕРТА

1 Борщів як три не поденькуєш,
На моторошні засердчить;
І зараз тяглом закишкуєш,
І в буркоті закендюшить.
Коли ж що напхом з'язикаєш
І в тереб добре зживотаєш,
То на веселі занутрить;
Об лихо вдаром заземлюєш,
І ввесь забуд свій зголодуєш,
І біг до горя зачортить.

2 Та що абищоти верзлялом,
Не казку кормом солов'ять:
Ось ну, закалиткуй брязкалом,
То радощі заденежать.
Коли давало сп'ятакуєш,
То, може, чуло зновинуєш,
Якщо з тобою спередить:
Куди на плавах човновати,
Як угодили Юнонати
І як Еней замінервить.

3 Мене за сю не лайте мову,
Не я її скомпоновав;
Сивиллу лайте безтолкову,
її се мізок змусовав:
Се так вона коверзовала,
Енеєві пророковала,
Йому де поступатись як;
Хотіла мізок закрутити,
Щоб грошей більше улупити,
Хоть бідний був Еней і так.

4 Та треба з лиха догадаться,
Як прийде узлом до чогось;
А з відьмою не торговаться,
Щоб хлипати не довелось.
Подяковав стару́ю суку
Еней за добрую науку,
Шагів з дванадцять в руку дав.
Сивилла грошики в калитку,
Піднявши пелену і свитку, –
Ізслизла, мов лихий злигав.

5 Еней, ізбувши сучу бабу,
Якмога швидше на човни,
Щоб недала Юнона швабу,
Що опинився б в сатани.
Троянці, в човни, посідавши
І швидко їх поодпихавши,
По вітру гарно поплили;
Гребли з диявола всі дружно.
Що деяким аж стало душно,
По хвилі весельця гули.

6 Пливуть – аж вітри забурчали
І закрутили не шутя,
Завили різно, засвистали,
Нема Енеєві пуття!
І зачало човни бурхати,
То сторч, то набік колихати,
Що враг устоїть на ногах;
Троянці з ляку задрижали,
Я к лиху помогти – не знали;
Іграли тільки на зубах.

7 Як ось став вітер ущухати,
І хвилі трохи уляглись;
Став місяць з хмари виглядати,
І звізди на небі блись-блись!
Агу! Троянцям легче стало,
І тяжке горе з серця спало,
Уже бо думали пропасть.
З людьми на світі так буває:
Коли кого міх налякає,
То послі торба спать не дасть.

8 Уже троянці вгамовались,
Могоричу всі потягли;
І, мов меньки, повивертались,
Безпечно спати залягли;
Аж ось поромщик їх, проноза,
На землю впав, як міх із воза,
І, мов на пуп, репетовав:
"Пропали всі ми з головами,
Прощаймось з тілом і душами,
Остатній наш народ пропав.

9 Заклятий острів перед нами,
І ми його не минемо,
Не пропливем нігде човнами,
А на йому пропадемо;
Живе на острові цариця
Цирцея, люта чарівниця
І дуже злая на людей;
Які лиш не остережуться,
А їй на острів попадуться,
Тих переверне на звірей.

10 Не будеш тут ходить на парі,
А зараз підеш чотирма;
Пропали, як сірко в базарі!
Готовте шиї до ярма!
По нашому хахлацьку строю
Не будеш цапом, ні козою,
А вже запевне що волом:
І будеш в плузі похожати,
До броваря дрова таскати,
А може, підеш бовкуном.

11 Лях цвенькати уже не буде,
Загубить чуйку і жупан,
І "не позвалям" там забуде,
А заблеє так, як баран.
Москаль – бодай би не козою
Замекекекав з бородою;
А прус хвостом не завиляв,
Як, знаєш, лис хвостом виляє,
Як дуже Дойда налягає,
І як Чухрай угонку дав.

12 Цесарці ходять журавлями,
Цирцеї служать за гусар
І в острові тім сторожами.
Італіянець же маляр,
Ісквапнійший на всякі штуки
Співак, танцюра на всі руки,
Уміє і чижів ловить;
Сей переряжен в обезяну,
Ошийник носить із сап'яну
І осужден людей смішить.

13 Французи ж, давнії сіпаки,
Головорізи-різники,
Сі перевернуті в собаки,
Чужі щоб гризли маслаки.
Вони і на владику лають,
За горло всякого хватають,
Гризуться і проміж себе:
У них хто хитрий, то і старший,
І знай всім наминає парші,
Чуприну всякому скубе.

14 Повзуть швейцарці черв'яками,
Голландці квакають в багні,
Чухонці лазять мурав'ями,
Пізнаєш жида там в свині.
Індиком ходить там гишпанець,
Кротом же лазить португалець,
Звірку є шведин вовком там,
Датчанин добре жеребцює,
Ведмедем турчин там танцює;
Побачите, що буде нам".

15 Біду побачив неминучу,
Троянці всі і пан Еней
Зібралися в одну всі кучу
Подумать о біді своєй,
І миттю тут уговорились,
Щоб всі хрестились і молились,
Щоб тільки острів їм минуть.
Молебень же втяли Еолу,
Щоб вітрам, по його ізволу,
В другий бік повелів дмухнуть.

16 Еол молебнем вдовольнився
І вітрів зараз одвернув,
Троянський плав перемінився,
Еней буть звірем увильнув.
Ватага вся повеселіла,
Горілка з пляшок булькотіла,
Ніхто ні каплі не пролив;
Потім взялися за весельця
І пригребнули всі од серця,
Мовби Еней по пошті плив.

17 Еней, по човну похожая,
Роменський тютюнец курив;
На всі чотири разглядая,
Коли б чого не пропустив.
Хваліте,-крикнув,-братця, бога!
Гребіте дужче якомога,
От Тибр перед носом у нас,
Ся річка Зевсом обіщана
І з берегами нам оддана.
Греби!– от закричу шабас!"

18 Гребнули раз, два, три, чотири,
Як на! – у берега човни;
Троянці наші чуприндирі
На землю скіць – як там були!
І зараз стали розкладатись,
Копати, строїть, ташоватись,
Мов їм під лагер суд одвів.
Еней кричить: "Моя тут воля,
І кілько оком скинеш поля,
Скрізь геть настрою городів".

19 Земелька ся була Латинська,
Завзятий цар в ній був Латин;
Старий скупиндя – скурвасинська,
Дрижав, як Каїн, за алтин.
А також всі його підданці
Носили латані галанці,
Дивившись на свого царя;
На гроші там не козиряли,
А в кітьки крашанками грали,
Не візьмеш даром сухаря.

20 Латин сей, хоть не дуже близько,
А все олимпським був рідня,
Не кланявся нікому низько,
Для його все була бридня.
Мерика, кажуть, його мати,
До Фавна стала учащати
Та і Латина добула.
Латин дочку мав чепуруху,
Проворну, гарну і моргуху,
Одна у нього і була.

21 Дочка була зальотна птиця
І ззаду, спереду, кругом;
Червона, свіжа, як кислиця,
І все ходила павичом.
Дородна, росла і красива,
Приступна, добра, не спесива,
Гнучка, юрлива, молода;
Хоть хто на неї ненароком
Закине молодецьким оком,
То так її і вподоба.

22 Така дівча – кусочок ласий,
Заслинишся, як глянеш раз;
Що ваші греческі ковбаси!
Що ваш первак грушевий квас!
Завійниця од неї вхопить,
На голову насяде хлопіт;
А може, тьохне і не там.
Поставить рогом ясні очі,
Що не доспиш петрівської ночі;
Те по собі я знаю сам.

23 Сусідні хлопці женихались
На гарну дівчину таку,
І сватать деякі питались,
Які хотіли, щоб смаку
В Латиновій дочці добиться,
Царя приданим поживиться,
Геть, геть – і царство за чуб взять.
Но ненечка її Амата
В душі своїй була строката,
Не всякая їй любився зять.

24 Один був Турн, царьок нешпетний,
З Латином у сусідстві жив,
Дочці і матері прикметний,
І батько дуже з ним дружив.
Не в шутку молодець був жвавий,
Товстий, високий, кучерявий,
Обточений, як огірок;
І війська мав свого чимало,
І грошиків таки бряжчало,
Куди не кинь, був Турн царьок.

25 Пан Турн щось дуже підсипався
Царя Латина до дочки,
Як з нею був, то виправлявся
І піднімавсь на каблучки.
Латин, дочка, стара Амата
Щодень від Турна ждали свата,
Уже нашили рушників
І всяких всячин напридбали,
Які на сватанні давали,
Все сподівались старостів.

26 Коли чого в руках не маєш,
То не хвалися, що твоє;
Що буде, ти того не знаєш,
Утратиш, може, і своє.
Не розглядівши, кажуть, броду,
Не лізь прожогом перший в воду,
Бо щоб не насмішив людей.
І перше в волок подивися,
Тогді і рибою хвалися;
Бо будеш йолоп, дуралей.

27 Як пахло сватанням в Латина
І ждали тільки четверга,
Аж тут Анхизова дитина
Припленталась на берега
Зо всім своїм троянським плем'ям.
Еней не марно тратив врем'я,
По-молодецьку закурив:
Горілку, пиво, мед і брагу
Поставивши перед ватагу,
Для збору в труби засурмив.

28 Троянство, знаєш, все голодне
Сипнуло ристю на той клик;
Як галич в врем'я непогодне,
Всі підняли великий крик.
Сивушки зараз ковтонули
По ківшику, і не здригнули,
І докосились до потрав.
Все військо добре убирало,
Аж поза ухами лящало,
Один перед другим хватав.

29 Вбирали січену капусту,
Шатковану, і огірки
(Хоть се було в час м'ясопусту),
Хрін з квасом, редьку, буряки;
Рябка, тетерю, саламаху –
Як не було – поїли з маху
І всі строщили сухарі,
Що не було, все поз'їдали,
Горілку всю повипивали,
Як на вечері косарі.

30 Еней оставив із носатку
Було горілки про запас,
Но клюкнув добре по порядку,
Розщедривсь, як бува у нас,
Хотів послíднім поділитись,
Щоб до кінця уже напитись,
І добре цівкою смикнув;
За ним і вся його голота
Тягла, поки була охота,
Що деякий і хвіст надув.

31 Барильця, пляшечки, носатку,
Сулії, тикви, боклажки,
Все висушили без остатку,
Посуду потовкли в шматки.
Троянці з хмелю просипались,
Скучали, що не похмелялись;
Пішли, щоб землю озирать,
Де їм показано селитись,
Жить, будоватися, женитись,
І щоб латинців розпізнать.

32 Ходили там чи не ходили,
Як ось вернулись і назад
І чепухи нагородили,
Що пан Еней не був і рад.
Сказали: "Люди тут бормочуть,
Язиком дивним нам сокочуть,
І ми їх мови не втнемо;
Слова свої на ус кончають,
Як ми що кажем їм – не знають,
Між ними ми пропадемо".

33 Еней тут зараз взяв догадку,
Велів побігти до дяків,
Купить Піярськую граматку,
Полуставців, октоїхів;
І всіх зачав сам мордовати,
Поверху, по словам складати
Латинську тму, мну, здо, тло:
Троянське плем'я все засіло
Коло книжок, що аж потіло,
І по-латинському гуло.

34 Еней від них не одступався,
Тройчаткою всіх приганяв;
І хто хоть трохи ліновався,
Тому субітки і давав.
За тиждень так лацину взнали,
Що вже з Енеєм розмовляли
І говорили все на ус:
Енея звали Енеусом,
Уже не паном – домінусом,
Себе ж то звали – троянус.

35 Еней троянців похваливши,
Що так лацину поняли,
Сивушки в кубочки наливши,
І могорич всі запили.
Потім з десяток щомудрійших,
В лацині щонайрозумнійших,
З ватаги вибравши якраз,
Послав послами до Латина
Од імени свого і чина,
А з чим послав, то дав приказ.

36 Посли, прийшовши до столиці,
Послали до царя сказать,
Що до його і до цариці
Еней прислав поклон оддать
І з хлібом, з сіллю і з другими
Подарками предорогими,
Щоб познакомитись з царем;
І як доб'ється панської ласки
Еней-сподар і князь троянський,
То прийде сам в царський терем.

37 Латину тілько що сказали,
Що од Енея єсть посли,
І з хлібом, з сіллю причвалали,
Та і подарки принесли,
Хотять Латину поклониться,
Знакомитись і подружиться,
Як тут Латин і закричав:
"Впусти! я хліба не цураюсь
І з добрими людьми братаюсь.
От на ловця звір наскакав!"

38 Велів тут зараз прибирати
Світлиці, сіни, двір мести;
Клечання по двору сажати,
Шпалерів разних нанести
І вибивать царськую хату;
Либонь, покликав і Амату,
Щоб і вона дала совіт,
Як лучше, краще прибирати,
Де, як коврами застилати
І підбирать до цвіту цвіт.

39 Послав гінця до богомаза,
Щоб мальовання накупить,
І також розного припаса,
Щоб що було і їсть і пить.
Вродилось реньске з курдимоном
І пиво чорнеє з лимоном,
Сивушки же трохи не з спуст;
Де не взялись воли, телята,
Барана, вівці, поросята;
Латин прибравсь, мов на запуст.

40 Ось привезли і мальовання
Роботи первіших майстрів,
Царя Гороха панування,
Патрети всіх багатирів:
Як Александр цареві Пору
Давав із військом добру хльору;
Чернець Мамая як побив;
Як МуромецьІлля гуляє,
Як б'є половців, проганяє, –
Як Переяслів боронив;

41 Бова з Полканом як водився,
Один другого як вихрив;
Як Соловей-харциз женився,
Як в Польщі Желізняк ходив.
Патрет був француза Картуша,
Против його стояв Гаркуша,
А Ванька-каїн впереді.
І всяких всячин накупили,
Всі стіни ними обліпили;
Латин дививсь їх красоті!

42 Латин, так дома спорядивши,
Кругом все в хатах оглядав,
Світелки, сіни обходивши,
Собі убори добирав:
Плащем з клейонки обвернувся,
Циновим гудзем застебнувся,
На голову взяв капелюх;
Набув на ноги кинді нові
І рукавиці взяв шкапові,
Надувсь, мов на огні лопух.

43 Латин як цар в своїм наряді
Ішов в кругу своїх вельмож,
Которі всі були в параді,
Надувся всякий з них, як йорж.
Царя на дзиглик посадили,
А сами мовчки одступили
Від покуття аж до дверей.
Цариця ж сіла на ослоні,
В єдимашковому шушоні,
В кораблику із соболей.

44 Дочка Лавися-чепуруха
В німецькім фуркальці була,
Вертілась, як в окропі муха,
В верцадло очі все п'яла.
Од дзиглика ж царя Латина
Скрізь прослана була ряднина
До самой хвіртки і воріт;
Стояло військо тут зальотне,
Волове, кінне і піхотне,
І ввесь був зібраний повіт.

45 Послів ввели к царю з пихою ,
Як водилося у латин;
Несли подарки пред собою:
Пиріг завдовжки із аршин,
І соли кримки і бахмутки,
Лахміття розного три жмутки,
Еней Латину що прислав.
Посли к Латину приступились,
Три рази низько поклонились,
А старший рацію сказав:

46 "Енеус ностер магнус панус
І славний троянорум князь,
Шмигляв по морю, як циганус,
Ад те, о рекс! прислав нунк нас.
Рогамус, доміне Латине,
Нехай наш капут не загине.
Перміте жить в землі своєй,
Хоть за пекунії, хоть гратіс,
Ми дякувати будем сатіс
Бенефіценції твоєй.

47 О, рекс! будь нашим меценатом,
І ласкам туам покажи,
Енеусу зробися братом,
О оптіме! не одкажи;
Енеус прінцепс єсть моторний,
Формозу с, гарний і проворний,
Побачиш сам інноміне!
Вели акціпере подарки
З ласкавим видом і без сварки,
Що прислані через мене:

48 Се килим-самольот чудесний,
За Хмеля виткався царя,
Літа під облака небесні,
До місяця і де зоря;
Но можна стіл ним застилати,
І перед ліжком простилати,
І тарадайку закривать.
Царівні буде він в пригоду,
І то найбільш для того году,
Як замуж прийдеться давать.

49 Ось скатерть шльонськая нешпетна,
Її у Липську добули;
Найбільше в тім вона прикметна,
На стіл як тільки настели
І загадай якої страви,
То всякі вродяться потрави,
Які на світі тільки єсть:
Пивце, винце, медок, горілка,
Рушник, ніж, ложка і тарілка.
Цариці мусим сю піднесть.

50 А се сап'янці-самоходи,
Що в них ходив іще Адам;
В стариннії пошиті годи,
Не знаю, як досталась нам;
Либонь, досталась од пендосів,
Що в Трої нам утерли носів,
Про те Еней зна молодець;
Сю вещ, як рідку і старинну,
Підносимо царю Латину,
З поклоном низьким, на ралець".

51 Царице, цар, дочка Лавина
Зглядалися проміж себе,
Із рота покотилась слина,
До себе всякий і гребе
Які досталась їм подарки,
Насилу обійшлось без сварки;
Як ось Латин сказав послам:
"Скажіте вашому Енею,
Латин із цілою сім'єю,
Крий боже, як всі ради вам.

52 І вся моя маєтность рада,
Що бог вас навернув сюди;
Мні мила ваша вся громада,
Я не пущу вас нікуди;
Прошу Енею покланятись
І хліба-солі не цуратись,
Кусок остатній розділю.
Дочка у мене одиначка,
Хазяйка добра, пряха, швачка,
То може і в рідню вступлю".

53 І зараз попросив до столу
Латин Енеєвих бояр,
Пили горілку до ізволу
І їли бублики, кав'яр;
Був борщ до шпундрів з буряками,
А в юшці потрух з галушками,
Потім до соку каплуни;
З отрібки баба, шарпанина,
Печена з часником свинина,
Крохналь, який їдять пани.

54 В обід пили заморські вина,
Не можна всіх їх розказать,
Бо потече із рота слина
У декого, як описать:
Пили сикизку, деренівку
І кримську вкусную дулівку,
Що то айвовкою зовуть.
На віват – з мущирів стріляли,
Туш – грімко трубачі іграли,
А много літ – дяки ревуть!

55 Латин по царському звичаю
Енею дари одрядив:
Лубенського шмат короваю,
Корито опішнянських слив,
Горіхів київських смажених,
Полтавських пундиків пряжених
І гусячих п'ять кіп яєць;
Рогатого скота з Лип'янки,
Сивухи відер з п'ять Будянки,
Сто решетилівських овець.

56 Латин старий і полигався
З Енеєм нашим молодцем,
Еней і зятем називався, –
Но діло краситься кінцем!
Еней по щастю без поміхи
Вдавався в жарти, ігри, сміхи,
А о Юноні і забув,
Його котора не любила
І скрізь за ним, де був, слідила,
Нігде од неї не ввильнув.

57 Ірися, цьохля проклятуща,
Завзятійша од всіх брехух,
Олимпська мчалка невсипуща,
Крикливійша із щебетух,
Прийшла, Юноні розказала,
Енея як латинь приймала,
Який між ними єсть уклад:
Еней за тестя мав Латина,
А сей Енея як за сина,
І у дочки з Енеєм лад.

58 "Еге! – Юнона закричала. –
Поганець як же розібрав!
Я нарошно йому спускала,
А він і ноги розіклав!
Ого! провчу я висікаку
І перцю дам йому, і маку,
Потямить, якова-то я.
Проллю троянську кров – латинську,
Вмішаю Турна скурвасинську,
Я наварю їм киселя".

59 І на! через штафет к Плутону
За підписом своїм приказ,
Щоб фурію він Тезифону
Послав к Юноні той же час;
Щоб ні в берлині, ні в дормезі,
І ні в ридвані, ні в портшезі,
А бігла б на перекладних;
Щоб не було в путі препони,
То б заплатив на три прогони,
Щоб на Олимп вродилась вмиг.

60 Прибігла фурія із пекла,
Яхиднійша од всіх відьом,
Зла, хитра, злобная, запекла,
Робила з себе скрізь содом.
Ввійшла к Юноні з ревом, стуком,
З великим треском, свистом, гуком,
Зробила об собі лепорт.
Якраз її взяли гайдуки
І повели в терем під руки,
Хоть так страшна була, як чорт.

61 "Здорова, люба, мила доню, –
Юнона в радощах кричить, –
До мене швидче, Тезифоню!" –
Іціловать її біжить.
"Сідай, голубко! – як ся маєш-
Чи пса троянського ти знаєш-
Тепер к Латину завітав,
І крутить там, як в Карфагені;
Достанеться дочці і нені,
Латин щоб в дурні не попав.

62 Ввесь знає світ, що я не злобна,
Людей губити не люблю;
Но річ така богоугодна,
Коли Енея погублю.
Зроби ти похорон з весілля,
Задай ти добре всім похмілля,
Хотьби побрали всіх чорти:
Амату, Турна і Латина,
Енея, гадового сина,
Пужни по-своєму їх ти!"

63 "Я наймичка твоя покорна, –
Ревнула фурія, як грім, –
На всяку хіть твою неспорна,
Сама троянців всіх поїм;
Амату з Турном я з'єднаю
І сим Енея укараю,
Латину ж в тім'я дур пущу;
Побачать то боги і люде,
Що з сватання добра не буде,
Всіх, всіх в шматочки потрощу".

64 І перекинулась клубочком,
Кіть-кіть з Олимпа, як стріла;
Як йшла черідка вечерочком,
К Аматі шусть – як там була!
Смутна Амата пір'я драла,
Слізки ронила і вздихала,
Що Турн-князьок не буде зять;
Кляла Лавинії родини,
Кляла кумів, кляла хрестини,
Та що ж– – проти ріжна не прать.

65 Я га, під пелену підкравшись,
Гадюкой в серце поповзла,
По всіх куточках позвивавшись,
В Аматі рай собі найшла.
В стравлену її утробу
Наклала злости, мовби бобу;
Амата стала не своя;
Сердита лаяла, кричала,
Себе, Латина проклинала
І всім давала тришия.

66 Потім і Турна навістила
Пресуча, лютая яга;
І із сього князька зробила
Енею лишнього врага.
Турн, по воєнному звичаю,
З горілкою напившись чаю,
Сказать попросту, п'яний спав;
Яга тихенько підступила
І люте снище підпустила,
Що Турн о тім не помишляв.

87 Йому, бач, сонному верзлося,
Буцім Анхизове дитя
З Лавинією десь зійшлося
І женихалось не шутя:
Буцім з Лависей обнімався,
Буцім до пазухи добрався,
Буцім і перстень з пальця зняв;
Лавися перше мов пручалась,
А послі мов угамовалась,
І їй буцім Еней сказав:

68 "Лависю, милеє кохання!
Ти бачиш, як тебе люблю:
Но що се наше женихання,
Коли тебе навік гублю-
Рутулець Турн тебе вже свата,
За ним, бач, тягне і Амата,
І ти в йому находиш смак.
До кого хіть ти більшу маєш,
Скажи, кого з нас вибираєш-
Нехай я згину, неборак!"

69 "Живи, Енеєчку мій милий, –
Царівна сей дала одвіт, –
Для мене завжди Турн остилий,
Очам моїм один ти світ!
Тебе коли я не побачу,
То день той і годину трачу,
Моє ти щастя, животи;
Турн швидче нагле околіє,
Ніж, дурень, мною завладіє,
Я вся – твоя, і пан мій – ти!"

70 Тут Турн без пам'яти схватився,
Стояв, як в землю буритий стовп;
Од злости, з хмелю ввесь трусився
І сна од яву не розчовп:
"Кого- – мене; і хто- – троянець!
Голяк, втікач, приплентач, ланець!
Звести- – Лавинію однять-
Не князь я! - гірше шмаровоза,
І дам собі урізать носа,
Коли Еней Латину зять.

71 Лавися шмат не для харциза,
Який пройдисвіт єсть Еней;
А то – і ти, голубко сиза,
Ізгинеш от руки моей!
Я всіх поставлю вверх ногами,
Не подарую вас душами,
А більш Енею докажу.
Латина же, старого діда,
Прижму незгірше, як сусіда,
На кіл Амату посажу".

72 І зараз лист послав к Енею,
Щоб вийшов битись сам на сам,
Помірявсь силою своєю,
Достав от Турна по усам;
Хоть на киї, хоть кулаками
Поштурхатись попід боками,
Або побитись і на смерть.
А також пхнув він драгомана
І до латинського султана,
Щоб і сьому мордаси втерть.

73 Яхидна фурія раденька,
Що по її все діло йшло;
До людських бід вона швиденька,
І горе мило їй було.
Махнула швидко до троянців,
Щоб сих латинських постоянців
По-своєму осатанить.
Тогді троянці всі з хортами
Збирались їхать за зайцями,
Князька свого повеселить.

74 Но "горе грішникові сущу, –
Так київський скубент сказав, –
Благих діл вовся не імущу!"
Хто божії судьби пізнав-
Хто де не дума – там ночує,
Хотів де бігти – там гальмує.
Так грішними судьба вертить!
Троянці сами то пізнали,
З малої речі пострадали,
Як то читатель сам уздрить.

75 Поблизь троянська кочовання
Був на одльоті хуторок,
Було в нім щупле будовання,
Ставок був, гребля і садок.
Жила Аматина там нянька,
Не знаю – жінка чи панянка,
А знаю, що була стара,
Скупа, і зла, і воркотуха,
Наушниця і щебетуха,
Давала чиншу до двора:

76 Ковбас десятків з три Латину,
Лавинії к Петру мандрик,
Аматі в тиждень по алтину,
Три хунти воску на ставник;
Льняної пряжі три півмітки,
Серпанків вісім на намітки
І двісті валяних гнотів.
Латин од няньки наживався,
Зате ж за няньку і вступався,
За няньку хоть на ніж готів.

77 У няньки був біленький цуцик,
Її він завжде забавляв:
Не дуже простий – родом муцик,
Носив пороску, танцьовав,
І панії лизав од скуки
Частенько ноги скрізь і руки,
І тімениці вигризав.
Царівна часто з ним ігралась,
Сама цариця любовалась,
А цар то часто годував.

78 Троянці, в роги затрубивши,
Пустили гончих в чагарі,
Кругом болото обступивши,
Бичами ляскали псарі;
Як тілько гончі заганяли,
Загавкали, заскавучали,
То муцик, вирвавшись надвір,
На голос гончих одізвався,
Чмихнув, завив, до них помчався.
Стременний думав, що то звір.

79 "Атю його! гуджга!" – і крикнув,
І з свори поспускав хортів;
Тут муцик до землі прилипнув
І дух від ляку затаїв;
Но пси, донюхавшись, доспіли,
Шарпнули муцика, із'їли
І посмоктали кісточки.
Як вість така дойшла до няньки,
То очі вип'яла, як баньки,
А з носа спали і очки.

80 Осатаніла вража баба
І крикнула, як на живіт,
Зробилась зараз дуже слаба,
Холодний показався піт,
Порвали маточні припадки,
Істерика і лихорадки,
І спазми жили потягли;
Під ніс їй клали асафету,
І теплую на пуп сервету,
Іще клістир з ромну дали.

81 Як тілько к пам'яти вернулась,
То зараз галас підняла;
До неї челядь вся сунулась
Для дива, як ввесь світ кляла;
Потім, схвативши головешку
І вибравшись на добру стежку,
Чкурнула просто до троян;
Всі куріні їх попалити,
Енея заколоть, побити
І всіх троянських бусурман.

82 За нею челядь покотила,
Схвативши хто що запопав:
Кухарка чаплію вхопила,
Лакей тарілками шпурляв;
З рублем там прачка храбровала,
З дійницей ричка наступала,
Гуменний з ціпом скрізь совавсь;
Тут рота косарів з гребцями
Йшли битись з косами, з граблями,
Ніхто од бою не цурావсь.

83 Но у троянського народу
За шаг алтина не проси;
Хто москаля об'їхав зроду –
А займеш – ноги уноси.
Завзятого троянці кшталту,
Не струсять нічийого ґвалту
І носа хоть кому утруть;
І няньчину всю рать розбили,
Скалічили, розпотрошили
І всіх в тісний загнали кут.

84 В сіє-то нещасливе врем'я
І в самий штурхобочний бой,
Троянське і латинське плем'я
Як умивалося мазкой,
Прибіг гінець з письмом к Латину,
Нерадосну привіз новину,
Князь Турн йому війну писав;
Не в пир, бач, запрошав напитись,
А в поле визивав побитись;
Гінець і на словах додав:

85 "Царю Латине неправдивий!
Ти слово царськеє зламав;
Зате узол дружелюбивий
Навіки з Турном розірвав.
Од Турна шмат той однімаєш
І в рот Енеєві соваєш,
Що Турнові сам обіщав.
Виходь же завтра навкулачки,
Відтіль полізеш, мабуть, рачки,
Бодай і лунь щоб не злизав".

86 Не так розсердиться добродій,
Коли пан возний позов дасть;
Не так лютує голий злодій,
Коли немає що украсть;
Як наш Латин тут розгнівився
І на гінця сього озлився,
Що губи з серця покусав.
І тілько одповідь мав дати
І гнів царський свій показати,
Посол щоб Турнові сказав;

87 Як виглянув в вікно зненацька,
Прийшов Латин в великий страх;
Побачив люду скрізь багацько
По улицях і всіх кутках.
Латинці перлися товпами,
Шпурляли вгору всі шапками,
Кричали вголос на ввесь рот:
"Війна! Війна! против троянців,
Ми всіх Енеєвих поганців
Поб'єм – іскореним їх род".

88 Латин старий був не рубака
І воюватись не любив,
Од слова смерть він, небораки,
Був без душі і мов не жив.
Він стичку тільки мав на ліжку,
Аматі як не грав під ніжку,
І то тогді, як підтоптавсь;
Без того ж завжде був тихенький,
Як всякий дід старий, слабенький,
В чужеє діло не мішавсь.

89 Латин, і серцем, і душею
Далекий бувши од війни, ,
Зібравшись з мудростю своєю,
Щоб не попастись в кайдани,
Зізвав к собі панів вельможних,
Старих, чиновних і заможних,
Котрих ради слухав сам;
І виславши геть-преч Амату,
Завів їх всіх в свою ківнату,
Таку сказав річ старшинам:

90 "Чи ви од чаду, чи з похмілля– .
Чи чорт за душу удряпнув-
Чи напились дурного зілля,
Чи глузд за розум завернув-
Скажіть – з чого війна взялася-
З чого ся мисль вам приплелася-
Коли я тішився війной-
Не звір я – людську кров пролити,
І не харциз, людей щоб бити,
Для мене гидкий всякий бой.

91 І як війну вести без збруї,
Без війська, хліба, без гармат,
Без грошей-.. Голови ви буї!
Який вас обезглуздив кат-
Хто буде з вас провіянтмейстер,
Або хто буде кригсцальмейстер,
Кому казну повірю я-
Не дуже хочете ви битись,
А тільки хочете нажитись,
І буде все біда моя.

92 Коли сверблять із вас у кого
Чи спина, ребра, чи боки,
Нащо просити вам чужого-
Мої великі кулаки
Почешуть ребра вам і спину;
Коли ж то мало, я дубину
Готов на ребрах сокрушить.
Служить вам рад малахаями,
Різками, кнуттям і киями,
Щоб жар воєнний потушить.

93 Покиньте ж се дурне юнацтво
І розійдіться по домах,
Панове виборне боярство;
А про війну і в головах
Собі ніколи не кладіте,
А мовчки в запічках сидіте,
Розгадуйте, що їсть і пить.
Хто ж о війні проговориться
Або кому війна присниться,
Тому дам чортзна-що робить".

94 Сказавши се, махнув рукою
І зараз сам пішов з кімнат
Бундючно-грізною ходою,
Що всякий був собі не рад.
Пристижені його вельможі
На йолопів були похожі,
Ніхто з уст пари не пустив.
Не швидко бідні схаменулись
І в ратуш підтюпцем сунулись,
Уже як вечір наступив.

95 Тут думу довгую держали.
І всяк компонував своє,
І вголос: грімко закричали,
Що на Латина всяк плює
І на грозьбу не уважає.
Війну з Енеєм начинає,
Щоб некрут зараз набирать;
І не просить щоб у Латина
З казни його ані алтина,
Боярські гроші шафовать.

96 І так, латинь заворушилась,
Задумав всяк побить троян;
Відкіль та храбрість уродилась
Против Енеєвих прочан-
Вельможі царство збунтовали,
Против царя всіх наущали;
Вельможі! лихо буде вам.
Вельможі! хто царя не слуха,
Таким обрізать ніс і уха
І в руки всіх оддать катам.

97 О музо, панночко парнаська!
Спустись до мене на часок;
Нехай твоя научить ласка,
Нехай твій шепчеть голосок,
Латинь к війні як знаряжалась,
Як армія їх набиралась,
Який порядок в війську був;
Всі опиши мундири, збрую
І казку мні скажи такую,
Якой іще ніхто не чув.

98 Бояри вмиг скомпонували
На аркуш маніхвест кругом,
По всіх повітах розіслали,
Щоб військо йшло під коругов;
Щоб голови всі обголяли,
Чуприни довгі оставляли,
А ус в півлокоть би тирчав;
Щоб сала і пшона набрали,
Щоб сухарів понапікали,
Щоб ложку, казанок всяк мав.

99 Все військо зараз розписали
По разним сотням, по полкам,
Полковників понаставляли,
Дали патенти сотникам.
По городам всяк полк назвався,
По шапці всякий розличався,
Вписали військо під ранжир;
Пошили сині всім жупани,
На спід же білиї каптани, –
Щоб був козак, а не мугир.

100 В полки людей розподіливши,
І по квартирям розвели,
І всіх в мундири нарядивши,
К присязі зараз привели.
На конях сотники финтили,
Хорунжі усики крутили,
Кабаку нюхав асаул;
Урядники з атаманами
Новими чванились шапками,
І ратник всякий губу дув.

101 Так вічной пам'яти бувало
У нас в Гетьманщині колись,
Так просто війско шиковало,
Не знавши: стій, не шевелись;
Так славнії полки козацькі
Лубенський, Гадяцький, Полтавський
В шапках було, як мак цвітуть.
Як грянуть, сотнями ударять,
Перед себе списи наставлять,
То мов мітлою все метуть.

102 Було тут військо волонтирі,
То всяких юрбиця людей,
Мов запорожці-чуприндирі,
Що їх не втне і Асмодей.
Воно так, бачиш, і негарне,
Як кажуть-то – не регулярне,
Та до війни самий злий гад:
Чи вкрасти що, язик достати,
Кого живцем чи обідрати,
Ні сто не вдержить їх гармат.

103 Для сильной армії своєї
Рушниць, мушкетів, оружжин
Наклали повні гамазеї,
Гвинтівок, фузій без пружин,
Булдимок, флинт і яничарок.
А в особливий закамарок
Списів, пік, ратищ, гаківниць.
Були тут страшнії гармати,
Од вистрілу дрижали хати,
А пушкарі то клались ниць.

104 Жлукта і улики на пушки
Робить галили на захват;
Днища, оснівниці, витушки
На принадлежность приправлять.
Нужда перемінить закони!
Квачі, помела, макогони
В пушкарське відомство пішли;
Колеса, бендюги і кари
І самиї церковні мари
В депо пушкарськеє тягли.

105 Держась воєнного обряду,
Готовили заздалегідь
Багацько всякого снаряду,
Що сумно аж було глядіть.
Для куль – то галушки сушили,
А бомб – то з глини наліпили,
А слив солоних – для картеч;
Для щитів ночви припасали,
І дна із діжок вибивали,
І приправляли всім до плеч.

106 Не мали палашів ні шабель,
У них, бач, Тули не було;
Не шаблею ж убит і Авель,
Поліно смерть йому дало.
Соснові копистки стругали
І до боків поначепляли
На валяних верьовочках;
Із лик плетені козубеньки,
З якими ходють по опеньки,
Були, мов суми, на плечах.

107 Як амуницю спорядили
І насушили сухарів,
На сало кабанів набили,
Взяли подимне од дворів;
Як підсусідків розписали
І виборних поназначали,
Хто тяглий, кінний, хто же піш,
За себе хто, хто на підставу,
В якеє військо, сотню, лаву,
Порядок як завівсь незгірш:

108 Тоді ну військо муштровати,
Учить мушкетний артикул,
Вперед як ногу викидати,
Ушкварить як на калавур.
Коли пішком – то марш шульгою,
Коли верхом – гляди ж, правою,
Щоб шкапа скочила вперед.
Такеє ратнеє фиглярство
Було у них за регулярство,
І все Енеєві во вред.

109 Мов посполитеє рушення
Латина в царстві началось,
Повсюдна муштра та учення,
Все за жолнірство прийнялось.
Дівки на "прутах роз'їжжали,
Ціпками хлопців муштровали,
Старі ж учились кидать в ціль.
А баб старих на піч сажали
І на печі їх штурмовали,
Бач, для баталії в примір.

110 Були латинці дружні люди
І воюватись мали хіть,
Не всі з добра, хто од причуди,
Щоб битися, то рад летіть.
З гаряча часу, перші три дні,
Зносили всяке збіжжя, злидні
І оддавали все на рать:
Посуду, хліб, одежу, гроші
Своєй отчизни для сторожі,
Що не було де і дівать.

111 Се поралася так Амата,
К війні латинців підвела;
Смутна була для неї хата,
На улиці все і жила.
Жінки з Аматою з'єднались,
По всьому городу таскались
І підмовляли воювать.
Робили з Турном шури-мури,
І затялись, хоть вон із шкури,
Енеєві дочки не дать.

112 Коли жінки де замішались
І їм ворочати дадуть;
Коли з розказами втаскались
Та пхикання ще додадуть,
Прощайсь навік тогді з порядком,
Пішло все к чорту неоглядком,
Жінки поставлять на своє.
Жінки! коли б ви більше їли,
А менш пащиковать уміли,
Були б в раю ви за сіє.

113 Як Турн біснується, лютує,
В сусідні царства шле послів,
Чи хто із них не поратує
Против троянських злих синів;
Коли Латин од поєдинків
Сховавсь під спід своїх будинків
І ждав, що буде за кінець;
Коли Юнона скрізь літає,
Всіх на Енея навертає
Весільний збить з його вінець,–

114 Гуде в Латії дзвін віщовий
І гасло всім к війні дає,
Щоб всяк латинець був готовий
К війні, в яку їх злость веде.
Там крик, тут галас, там клепало,
Тісниться люд і все тріщало.
Війна в кровавих ризах тут;
За нею рани, смерть, увіччя,
Безбожность і безчоловіччя
Хвіст мантії її несуть.

115 Була в Латії синагога,
Збудована за давніх літ
Для Януса, сердита бога,
Которий дивних був приміт:
Він мав на голові дві тварі,
Чи гарнії були, чи харі,
Об тім Виргилій сам мовчить;
Но в мирне врем'я запирався,
Коли ж із храма показався,
Якраз війна і закипить.

116 По дзвону вся латинь сунула
До храма, з криком всі неслись.
І навстяж двері одімкнула,
І Янус вибіг, як харциз.
Воєнна буря закрутила,
Латинське серце замутила,
Завзятость всякого бере;
"Війни, війни!" – кричать, бажають,
Пекельним пламенем палають
І молодеє і старе.

117 Латинці військо хоть зібрали,
Та треба ж війську должносних,
Які б на щотах класти знали,
Які письменнійші Із них.
Уже ж се мусить всякий знати,
Що військо треба харчовати,
І воїн без вина – хом'як.
Без битої голої копійки,
Без сей прелесниці-злодійки
Не можна воювать ніяк.

118 Були златиї дні Астреї,
І славний був тоді народ;
Міняйлів брали в казначеї,
А фиглярі писали щот,
К роздачі порції – обтекар;
Картьожник – хлібний добрий пекар,
Гевальдигером – був шинькар,
Вожатими – сліпці, каліки,
Ораторами – недоріки,
Шпигоном – з церкви паламар.

119 Всього не можна описати,
В Латії що тоді було,
Уже зволялося читати,
Що в голові у них гуло.
К війні хватались, поспішались,
І сами о світі не знались,
І все робили назворот:
Що строїть треба, те ламали,
Що треба кинуть, те ховали,
Що класть в кишеню, клали в рот.

120 Нехай турбуються латинці,
Готовляться проти троян,
Нехай видумують гостинці
Енею нашому в із'ян.
Заглянь мо, Турн що коверзує,
Троянцям рать яку готує,
Бо Турн і сам дзіндзівер-зух!
Коли чи п'є – не проливає,
Коли чи б'є – то вже влучає,
Йому людей давить, як мух!

121 Та й видно, що не був в зневазі,
Бо всі сусідні корольки
По просьбі, мовби по приказі,
Позапаляючи люльки,
Пішли в похід з своїм народом,
З начинням, потрухом і плодом,
Щоб Турнові допомагать:
Не дать Енеєві женитись,
Не дать в Латії поселитись,
К чортам енейців всіх послать.

122 Не хмара сонце заступила,
Не вихор порохом вертить,
Не галич чорна поле вкрила,
Не буйний вітер се шумить.
Се військо йде всіма шляхами,
Се ратне брязкотить збруями,
В Ардею – город поспіша.
Стовп пороху під небо в'ється,
Сама земля, здається, гнеться;
Енею! де тепер душа-

123 Мезентій наперед тирренський
Пред страшним воїнством гряде;
Було полковник так Лубенський
Колись к Полтаві полк веде,
Під земляні полтавські вали
(Де шведи голови поклали)
Полтаву-матушку спасать;
Пропали шведи тут прочвари,
Пропав і вал – а булевари
Досталось нам тепер топтать.

124 За сим на бендюгах плететься
Байстрюк Авентій-попадич,
З своєю челяддю ведеться,
Як з блюдолизами панич.
Знакомого він пана внучок,
Добродій песиків і сучок
І лошаків мінять охоч.
Авентій був розбійник з пупку,
Всіх тормошив, валяв на купку,
Дивився бісом, гадом, сторч.

125 Тут військо кіннеє валилось
І дуже руччеє було;
Отаман звався Покотиллос,
А асаул Караспуло.
Се греческії проскіноси,
Із Біломор'я все пендоси,
З Мореа, Дельта, Кефалос;
Везли з собою лагомини,
Оливу, мило, риж, маслини,
І капама, кебаб калос.

126 Цекул, пренестський коваленко,
В Латію з військом також пхавсь;
Так Сагайдачний з Дорошенком
Козацьким військом величавсь.
Один з бунчуком перед раттю,
Позаду другий п'яну браттю
Донським нагаєм підганяв.
Рядочком їхали гарненько.
З люльок тютюн тягли смачненько,
А хто на конику куняв.

127 За сими плентавсь розбишака,
Нептунів син, сподар Мезап,
До бою був самий собака
І лобом бився так, мов цап.
Боєць, ярун і задирака,
Стрілець, кулачник і рубака,
І дужий був з його хлопак;
В виски було кому як впнеться,
Той насухо не оддереться;
Такий ляхам був Желізняк.

128 Другим шляхом, з другого боку,
Агамемноненко Галес
Летить, мов поспіша до сроку
Або к воді гарячий пес;
Веде орду велику, многу
Рутульцеві на підпомогу;
Тут люд був разних язиків:
Були аврунці, сидицяне,
Калесці і ситикуляне
І всяких-разних козаків.

129 За сими панськая дитина,
Тезеєвич пан Іпполит, –
Надута, горда, зла личина,
З великим воїнством валить.
Се був панич хороший, повний,
Чорнявий, красний, сладкомовний,
Що й мачуху був підкусив.
Він не давав нікому спуску,
Одних богинь мав на закуску,
Брав часто там, де не просив.

130 Не можна, далебі, злічити,
Які народи тут плелись,
І на папір сей положити,
Як, з ким, коли, відкіль взялась.
Виргилій, бач, не нам був рівня,
А видно, що начухав тім'я,
Поки дрібненько описав.
Були рутульці і сіканці,
Аргавці, лабики, сакранці,
Були такі, що враг їх зна.

131 Тут ще наїзниця скакала
І військо немале вела;
Собою всіх людей лякала
І все, мов помелом, мела;
Ся звалась діва – цар Камилла,
До пупа жінка, там – кобила,
Кобилячу всю мала стать:
Чотири ноги, хвіст з прикладом,
Хвостом моргала, била задом,
Могла і говорить і ржать.

132 Коли чував хто о Полкані,
То се була його сестра;
Найбільш блукали по Кубані,
А рід їх вийшов з-за Дністра.
Камилла страшна воєвниця,
І знахурка, і чарівниця,
І скора на бігу була;
Чрез гори і річки плигала,
Із лука мітко в ціль стріляла,
Багацько крові пролила.

133 Така-то збірниця валялась,
Енея щоб побити в пух;
Уже Юнона де озлилась,
То там запри кріпенько дух.
Жаль жаль Енея-неборака,
Коли його на міль як рака,
Завес допустить посадить.
Чи він ввильне те в п'ятой части,
Коли удасться змайстерить.

ЧАСТИНА П'ЯТА

1 Біда не по дерев'ях ходить,
І хто її не скоштував-
Біда біду, говорять, родить,
Біда для нас – судьби устав!
Еней в біді, як птичка в клітці;
Запутався, мов рибка в сітці;
Терявся в думах молодець.
Ввесь світ, здавалось, зговорився,
Ввесь мир на його напустився,
Щоб розорить його вкінець.

2 Еней ту бачив страшну тучу,
Що на його війна несла;
В ній бачив гибель неминучу
І мучивсь страшно, без числа.
Як хвиля хвилю проганяла,
Так думка думку пошибала;
К олимпським руки простягав.
Надеждою хоть підкреплявся,
Но переміни він боявся,
І дух його ізнемогав.

3 Ні ніч його не вгамовала,
Він о війні все сумовав;
І вся коли ватага спала,
То він по берегу гуляв,
Хоть з горя сильно ізнемігся;
Мов простий, на піску улігся,
Та думка спати не дала.
Скажіть! тогді чи дуже спиться
Як доля проти нас яриться
І як для нас фортуна зла-

4 О сон! з тобою забуваєм
Все горе і свою напасть;
Чрез тебе сили набираєм,
Без тебе ж мусили б пропасть.
Ти ослабівших укріпляєш,
В тюрмі невинних утішаєш,
Злодіїв снищами страшиш;
Влюблених ти докупи зводиш,
Злі замисли к добру приводиш,
Пропав – од кого ти біжиш.

5 Енея мислі турбовали,
Но сон таки своє бере;
Тілесні сили в кім охляли,
В тім дух не швидко та замре.
Еней заснув і бачить снище,
Пред ним стоїть старий дідище
Обшитий ввесь очеретом;
Він був собі ковтуноватий,
Сідий в космах і пелехатий,
Зігнувсь підпершися ціпком.

6 "Венерин сину! не жахайся, –
Дід очеретяний сказав, –
І в смуток дуже не вдавайся,
Ти гіршії біди видав;
Війни кривавой не страшися,
А на олімпських положися,
Вони все злеє оддалять.
А що мої слова до діла,
Лежить свиня під дубом біла
І тридцять білих поросят.

7 На тім-то берлозі свиноти
Іул построїть Альбі-град,
Як тридесят промчаться годи,
З Юноною як зробить лад.
Єднаково ж сам не площайся,
З аркадянами побратайся,
Вони латинцям вороги;
Троянців з ними як з'єднаєш,
Тогді і Турна осідлаєш,
Все військо виб'єш до ноги.

8 Вставай, Енею, годі спати,
Вставай і богу помолись,
Мене ти мусиш також знати:
Я Тибр старий! – ось придивись.
Я тут водою управляю,
Тобі я вірно помагаю,
Я не прочвара, не упир.
Тут буде град над городами,
Поставлено так між богами..."
Сказавши се, дід в воду нир.

9 Еней пробуркався, схопився
І духом моторніший став;
Водою тибрською умився,
Богам молитви прочитав.
Велів два човни знаряжати,
І сухарями запасати,
І воїнів туда сажать.
Як млость пройшла по всьому тілу:
Свиню уздрів під дубом білу
І тридцять білих поросят.

10 Звелів їх зараз поколоти
І дать Юноні на обід;
Щоб сею жертвою свиноти
Себе ізбавити од бід.
Потім в човни метнувсь хутенько,
Поплив по Тибру вниз гарненько
К Евандру помочі просить;
Ліси, вода, піски зумились,
Які се два човни пустились
З одвагою по Тибру плить.

11 Чи довго плив Еней– не знаю,
А до Евандра він доплив;
Евандр по давньому звичаю,
Тогді для празника курив,
З аркадянами веселився,
Над варенухаю трудився,
І хміль в їх головах бродив;
І тільки що човни узріли,
То всі злякалися без міри,
Один к троянцям підступив.

12 "Чи по неволі, чи по волі– –
Кричить аркадський їм горлань. –
Родились в небі ви, чи долі–
Чи мир нам везете, чи брань-"
"Троянець я, Еней одважний,
Латинців ворог я присяжний, –
Еней так з човна закричав. –
Іду к Евандру погостити,
На перепутті одпочити,
Евандр цар добрий, я чував".

13 Евандра син, Паллант вродливий,
К Енею зараз підступив;
Оддав поклон дружелюбивий,
До батька в гості попросив.
Еней з Паллантом обнімався
І в його приязнь заставлявся,
Потім до лісу почвалав,
Де гардовав Евандр з попами,
Зо старшиною і панами,
Еней Евандрові сказав:

14 "Хоть ти і грек, та цар правдивий,
Тобі латинці вороги;
Я твій товариш буду щирий,
Латинці і мені враги.
Тепер тебе я суплікую
Мою уважить долю злую
І постояти за троян.
Я кошовий Еней троянець,
Скитаюсь по миру, мов ланець,
По всім товчуся берегам.

15 Прийшов до тебе на одвагу,
Не думавши, як приймеш ти;
Чи буду пити мед, чи брагу-
Чи будем ми собі брати-
Скажи, і руку на – в завдаток,
Котора, бач, не трусить схваток
І самих злійших нам врагів.
Я маю храбрую дружину,
Терпівших гіркую годину
Од злих людей і од богів.

16 Мене найбільше доїдає
Рутульський Турн, собачий син;
І лиш гляди, то і влучає,
Щоб згамкати мене, як блин.
Так лучше в сажівці втоплюся,
І лучше очкуром вдавлюся,
Ніж Турнові я покорюсь.
Фортуна не в його кишені;
Турн побува у мене в жмені;
Дай поміч! – я з ним потягнусь".

17 Евандр мовчав і прислухався,
Слова Енеєви ковтав;
То ус крутив то осміхався,
Енеїві отвіт сей дав:
"Еней Анхизович, сідайте,
Турбації не заживайте,
Бог милостив для грішних всіх;
Дамо вам війська в підпомогу,
І провіянту на дорогу,
І грошеняток з якийсь міх.

18 Не поцурайтесь хліба-солі,
Борщу скоштуйте, галушок;
Годуйтесь, кушайте доволі,
А там з труда до подушок.
А завтра, як начне світати,
Готово військо виступати,
Куди ви скажете, в похід;
За мной не буде остановки;
Я з вами не роблю умовки,
Люблю я дуже ваш народ".

19 Готова страва вся стояла,
Спішили всі за стіл сідать;
Хоть деяка позастивала,
Що мусили підогрівать.
Просілне з ушками, з грінками
І юшка з хляками, з кишками,
Телячий лизень тут лежав;
Ягни і до софорку кури,
Печені разної три гури,
Багацько ласих тож потрав.

20 Де їсться смачно, там і п'ється,
Од земляків я так чував;
На ласеє куток найдеться,
Еней з своїми не дрімав.
І, правда, гості доказали,
Що жить вони на світі знали:
Пили за жизнь – за упокой;
Пили здоров'я батька з сином,
І голь-голь-голь, мов клин за клином,
Кричать заставив на розстрой.

21 Троянці п'яні розбрехались
І чванилися без пуття.
З аркадянками женихались,
Хто так, а хто і не шутя.
Евандр точив гостям рози
́кази,
Хвалив Іраклови прокази,
Як злого Кака він убив;
Якії Как робив розбої,
І що для радости такої
Евандр і празник учредив.

22 Всі к ночі так перепилися,
Держались ледве на ногах;
І на ніч в город поплелися,
Які іти були в силах.
Еней в керею замотався,
На задвірку хропти уклався,
Евандр же в хату рачки ліз;
І там, під прилавком зігнувшись
І цупко в бурку завернувшись,
Захріп старий во весь свій ніс.

23 Як ніч покрила пеленою
Тверезих, п'яних – всіх людей,
Як хріп Еней од перепою,
Забувши о біді своєй,
Венера без спідниці, боса,
В халатику, простоволоса,
К Вулкану підтюпцем ішла;
Вона тайком к Вулкану кралась,
Неначе з ним і не вінчалась,
Мов жінкой не його була.

24 А все то хитрость єсть жіноча,
Новинкою щоб підмануть;
Хоть гарна як, а все охоча
Іще гарнійшою щоб буть.
Венера пазуху порвала
І так себе підперезала,
Що вся на виставці була;
Косинку нарошно згубила,
Груднину так собі одкрила,
Що всякого б з ума звела.

25 Вулкан-коваль тогді трудився,
Зевесу блискавку ковав.
Уздрів Венеру, затрусився,
Із рук і молоток упав.
Венера зараз одгадала,
Що в добрий час сюди попала,
Вулкана в губи зараз черк;
На шию вскочила, повисла,
Вся опустилась, мов окисла,
Білки під лоб – і світ померк.

26 Уже Вулкан розм'як, як кваша,
Венера те собі на ус;
За діло, ну! – бере, бач, наша!
Тепер під його підоб'юсь:
"Вулкасю милий, уродливий!
Мій друже вірний, справедливий!
Чи дуже любиш ти мене-"
"Люблю, люблю, божусь кліщами,
Ковадлом, молотом, міхами,
Все рад робити для тебе".

27 І підлабузнивсь до Киприди,
Як до просителя писець.
Їй корчив разні милі види,
Щоби достать собі ралець.
Венера зачала благати
І за Енеєчка прохати,
Вулкан йому щоб допоміг:
Енеєві зробив би збрую
Із сталі, міді – золотую,
Такую, щоб ніхто не зміг.

28 "Для тебе– – ох, моя ти плітко! –
Вулкан задихавшись сказав. –
Зроблю не збрую, чудо рідко,
Ніхто якого не видав;
Палаш, шишак, панцир зо щитом,
Все буде золотом покрито,
Як тульськії кабатирки;
Насічка з черню, з образками,
І з кунштиками, і з словами,
Скрізь будуть брязкальця, дзвінки"

29 А що ж, не так тепер буває
Проміж жінками і у нас-
Коли чого просити має,
То добрий одгадає час
І к чоловіку пригніздиться,
Прищулиться, приголубиться,
Цілує, гладить, лескотить,
І всі сустави розшрубує,
І мізком так завередує,
Що сей для жінки все творить.

30 Венера, в облако обвившись,
Махнула в Пафос оддихать,
Од всіх в світелці зачинившись,
Себе там стала розглядать.
Краси пом'яті розправляла,
В волоссі кудрі завивала,
Ну п'ятна водами мочить.
Венера, як правдива мати,
Для сина рада все оддати,
З Вулканом рада в кузні жить.

31 Вулкан, до кузні дочвалавши,
Будить зачав всіх ковалів;
Свинець, залізо, мідь зібравши,
Все гріти зараз ізвелів.
Міхи престрашні надимають,
Огонь великий розпаляють,
Пішов треск, стук од молотів.
Вулкан потіє і трудиться,
Всіх лає, б'є, пужа, яриться,
К роботі приганя майстрів.

32 І сонце злізло височенько,
Уже час сьомий ранку був;
Уже закушовав смачненько,
Хто добре пінної лигнув;
Уже онагри захрючали,
Ворони, горобці кричали,
Сиділи в лавках крамарі;
Картьожники же спать лягали,
Фіндюрки щоки підправляли.
В суди пішли секретарі.

33 А наші з хмелю потягались,
Вчорашній мордовав їх чад;
Стогнали, харкали, смаркались,
Ніхто не був і світу рад.
Не дуже рано повставали
І льодом очі протирали,
Щоб освіжитись на часок.
Потім взялись за оковиту
І скликали річ посполиту –
Поставить, як іти в похід.

34 Тут скілько сотень одлічили
Аркадських жвавих парубків
І в ратники їх назначили;
Дали їм в сотники панів.
Дали значки їм з хоругвою,
Бунчук і бубни з булавою,
Списів, мушкетів, палашів.
На тиждень сала з сухарями,
Барильце з срібними рублями,
Муки, пшона, ковбас, коржів.

35 Евандр, Палланта підозвавши,
Такі слова йому сказав:
"Я, рать Енею в поміч давши,
Тебе начальником назвав.
А доки в паці будеш грати-
З дівками день і ніч ганяти
І красти голубів у всіх-
Одважний жид грішить і в школі,
Іди лиш послужи на полі;
Ледащо син – то батьків гріх.

36 Іди служи, годи Енею,
Він зна воєнне ремесло;
Умом і храбростю своєю
В опрічнеє попав число.
А ви, аркадці, – ви не труси,
Давайте всім і в ніс, і в уси,
Паллант мій ваш єсть атаман.
За його бийтесь, умирайте,
Енеєвих врагів карайте,
Еней мій сват – а ваш гетьман.

37 А вас, Анхизович, покорно
Прошу Палланта доглядать;
Воно хоть паруб'я, неспорно,
Уміє і склади читать;
Та дурень, молоде, одважне,
В бою як буде необачне,
То може згинуть неборак;
Тогді не буду жить чрез силу,
Живцем полізу я в могилу,
Ізгину, без води мов рак.

38 Беріте рать, ідіте з богом,
Нехай Зевес вам помага".
Тут частовались за порогом,
Евандр додав такі слова:
"Зайдіть к лидійському народу,
Вони послужать вам в пригоду,
На Турна підуть воювать.
Мезентій їх тіснить, зжимає,
На чинш нікого не пускає,
Готові зараз бунт піднять".

39 Пішли, розвивши короговку,
І сльози молодьож лила;
Хто жінку мав, сестру, ятровку,
У инчих милая була.
Тогді найбільш нам допікає,
Коли зла доля однімає,
Що нам всього міліше єсть.
За милу все терять готові:
Клейноди, животи, обнови.
Одна дороже милой – честь!

40 І так, питейним підкріпившись,
Утерли сльози із очей;
Пішли, марш сумно затрубивши;
Перед же вів сам пан Еней.
Їх первий марш був до байраку,
Прийшовши, стали на биваку,
Еней порядок учредив.
Паллант по армії діжурив,
Трудивсь, всю ніч очей не жмурив;
Еней тож по лісу бродив.

41 Як в північ самую глухую
Еней лиш тілько мав дрімать,
Побачив хмару золотую,
Свою на хмарі гарну мать.
Венера білолика, красна,
Курносенька, очима ясна
І вся, як з кров'ю молоко;
Духи од себе іспускала
І збрую чудную держала,
Явилась так перед синком.

42 Сказала: "Милий, на, Енею,
Ту збрую, що ковав Вулкан;
Коли себе устроїш нею,
То струсить Турн, Бова, Полкан;
До збруї що ні доторкнеться,
Все зараз ламнеться і гнеться,
Її і куля не бере;
Устройсь, храбруй, коли, рубайся
І на Зевеса полагайся,
То носа вже ніхто не втре".

43 Сказавши, аромат пустила:
Васильки, м'яту, і амбре;
На хмарі в Пафос покотила.
Еней же збрую і бере,
Її очима пожирає,
На себе панцир натягає,
Палаш до бока прив'язав;
Насилу щит підняв чудесний,
Не легкий був презент небесний;
Еней роботу розглядав.

44 На щиті, в самій середині,
Під чернь, з насічкой золотой,
Конала муха в павутині,
Павук торкав її ногой.
Поодаль був малий Телешик,
Він плакав і лигав кулешик,
До його кралася змія
Крилатая, з сім'ю главами,
З хвостом в верству, страшна, з рогами,
А звалася Жеретія.

45 Вокруг же щита на заломах
Найлучші лицарські діла
Були бляховані в персонах
Іскусно, живо, без числа,
Котигорох, Іван – царевич,
Кухарчич, Сучич і Налетич,
Услужливий Кузьма – Дем'ян.
Кощій з прескверною ягою,
І дурень з ступою новою,
І славний лицар Марципан.

46 Так пан Еней наш знаряжався,
Щоб дружби Турну доказать;
Напасть на ворогів збирався,
Зненацька копоті їм дать.
Но зла Юнона не дрімає,
Навильот умисли всі знає,
Оп'ять Ірисю посила:
Як можна Турна роздрочити,
Против троянців насталити,
Щоб викоренив їх дотла.

47 Ірися виль, скользнула з неба,
До Турна в північ шусть в намет;
Він дожидавсь тогді вертела,
Хлистав з нудьги охтирський мед.
К Лависі од любви був в горі,
Топив печаль в питейнім морі.
Так в армії колись велось;
Коли влюбився чи програвся,
То пуншу хлись – судьба поправся!
Веселлє в душу і влилось!

48 "А що– – Ірися щебетала. –
Сидиш без діла і клюєш-
Чи се на тебе лінь напала-
Чи все троянцям оддаєш-
Коту гладкому не до мишки;
Не втне, бачу, Панько Оришки!
Хто б сподівавсь, що Турн бабак-
Тобі не хист з Енеєм биться,
Не хист з Лавинією любиться,
Ти, бачу, здатний бить собак.

49 Правдивий воїн не дрімає,
Без просипу же і не п'є;
Мудрує, дума, розглядає,
Такий і ворогів поб'є.
Ну, к чорту! швидше охмеляйся,
Збирать союзних поспішайся,
На нову Трою напади.
Еней в чужих землях блукає,
Дружину в поміч набирає,
Не оплошай тепер: гляди!"

50 Сказавши, столик ізвалила,
Шкереберть к чорту все пішло:
Пляшки і чарочки побила,
Пропало все, як не було.
Зробився Турн несамовитий,
Ярився, лютовав неситий,
Троянськой крови забажав.
Всі страсти в голову стовкнулись,
Любов і ненависть прочнулись;
"На штурм, на штурм!" – своїм кричав.

51 Зібрав і кінних, і піхотних
І всіх для битви шиковав;
І розбишак самих одборних
Під кріпость задирать послав.
Два корпуси докупи звівши,
А на зикратого сам сівши,
На штурм їх не веде, а мчить;
Мезап, Галес в другім отряді
Пішли од берега к ограді,
Побить троянців всяк спішить.

52 Троянці, в кріпости запершись,
Енея ждали вороття;
З нещастям тісно пообтершись,
Біду встрічали мов шутя.
Побачивши ж врагів напори,
У башт прибавили запори
І на валу всі залягли;
В віконця з будок виглядали
І носа вон не виставляли,
Шептались і люльки тягли.

53 У них поставлено в громаді,
Коли на їх пан Турн напре,
То всім сидіть в своїй ограді,
Нехай же штурмом вал бере.
Троянці так і учинили;
На вал колоддя накотили
І разний приправляли вар;
Олію, дьоготь кип'ятили,
Живицю, оливо топили,
Хто лізтиме, щоб лить на твар.

54 Турн, в міру к валу приступивши,
Скрізь на зикратому гасав;
В розсипку кінних розпустивши,
Сам як опарений кричав:
"Сюди, трусливії троянці,
На бой, шкодливиї поганці!
Зарились в землю, мов кроти;
Де ваш Еней – жіночий празник-
Пряде з бабами набалдашник!
Не лепсько виглянуть сюди".

55 І всі його так ідкомандні
Кричали, лаяли троян;
Робили глузи їм досадні,
Гірш нівечили, як циган.
Пускали тучами к ним стріли,
А деякі були так сміли,
Що мали перескочить рів.
Троянці уха затикали,
Рутульців лайки не вважали,
Хоть битись всякий з них готів.

56 Турн з серця скриготав зубами,
Що в кріпості всі ні гу-гу;
А стін не розіб'єш лобами,
З посилку гнися хоть в дугу.
Злость, кажуть, сатані сестриця,
Хоть може се і небилиця,
А я скажу, що може й так:
Од злости Турн те компонує,
Мов сатана йому диктує,
Сам чорт заліз в його кабак.

57 Од злости Турн осатанівши,
Велів багаття розводить,
І військо к берегу привівши,
Казав троянський флот спалить.
Всі принялися за роботу;
(На злеє всякий ма охоту),
Огні помчалися к водам.
Хто жар, хто губку з сірниками,
Хто з головней, хто з фітилями
Погибель мчали кораблям.

58 Розжеврілось і закурилось,
Блакитне полом'я взвилось;
Од диму сонце закаптилось,
Курище к небу донеслось.
Боги в Олимпі стали чхати;
Турн їм ізволив тимфи дати,
Богинь напав від чаду дур;
Дим очі їв, лилися сльози,
З нудьги скакали так, як кози;
Зевес сам був, мов винокур.

59 Венеру ж за душу щипало,
Що с флотом поступили так;
Од жалю серце замирало,
Що сяде син на міль як рак.
В жалю в слізах і в гіркім смутку
Богиня сіла в просту будку,
На передку сів Купидон;
Кобила їх везе кривая,
Цибелла де жила старая,
Щоб сій язі оддать поклон.

60 Цибелла, знають во всіх школах,
Що матір'ю була богів;
Ізмолоду була не промах,
Коли ж як стала без зубів,
То тілько на печі сиділа,
З кулешиком лемішку їла
І не мішалася в діла.
Зевес їй оддавав повагу
І посилав од столу брагу,
Яку Юнона лиш пила.

61 Венера часто докучала
Зевесу самою бридней,
За те в немилость і попала,
Що нільзя показать очей.
Прийшла Цибеллу умоляти
І мусила їй обіщати
Купити збитню за алтин,
Щоб тілько Зевса умолила,
Вступиться за троян просила,
Щоб флота не лишився син.

62 Цибелла же була ласуха,
Для збитню рада хоть на все;
До того ж страшна говоруха,
О всякій всячині несе.
Стягли її насилу з печі,
Взяв Купидон к собі на плечі,
В будинки к Зевсу і поніс.
Зевес, свою уздрівши неню,
Убгав ввесь оселедець в жменю,
Насупив брови, зморщив ніс.

63 Цибелла перше закректала,
А послі кашлять начала,
Потім у пелену смаркала
І дух п'ять раз перевела:
"Сатурнович, змилосердися,
За рідную свою вступися! –
К Зевесу шокала стара. –
Безсмертних смертні не вважають
І тілько що не б'ють, а лають;
Осрамлена моя гора!

64 Мою ти знаєш гору Іду
І ліс, де з капищем олтар;
За них несу таку обиду,
Якой не терпить твій свинар
На зруб я продала троянцям,
Твоїм молельщикам, підданцям,
Дубків і сосен строїть флот.
Твої уста судьбам веліли,
Були щоб ідські брусся цілі,
Нетліннії од рода в род.

65 Зиркни ж тепер на тибрські води,
Дивись, як кораблі горять! –
їх палять Турнові уроди,
Тебе і всіх нас кобенять.
Спусти їм – то таке закоють
І власть твою собі присвоють,
І всім дадуть нам киселя;
Сплюндрують ліс, розриють Іду;
Мене ж, стару, уб'ють, мов гниду,
Тебе прогонять відсіля".

66 "Та не турбуйтесь, паніматко! –
Зевес з досадою сказав. –
Провчу я всіх – і буде гладко;
Анахтем вічний – Турн пропав!"
Зиркнув, мигнув, махнув рукою
Над Тибром, чудною рікою,
Всі врозтич кораблі пішли;
Як гуси, в воду поринали,
Із кораблів – сирени стали
І разні пісні підняли.

67 Рутульське військо і союзне
Дрижало од таких чудес;
Злякалось плем'я все окружне,
Мезап дав драла і Галес.
Пороснули і рутуляни,
Як од дощу в шатер цигани,
А тілько Турн один оставсь.
Утікачів щоб переняти,
Щоб чудо їм розтолковати,
По всіх усюдах сам совавсь.

68 "Реб'ятушки! – кричав, – постійте!
Се ж ласка божая для нас;
Одкиньте страх і не робійте,
Прийшлось сказать Енею: пас.
Чого огнем ми не спалили,
То боги все те потопили,
Тепер троянці в западні.
Живцем в землі їх загромадим,
Разком на той світ одпровадим,
Богів се воля! вірте мні".

69 Великії у страха очі,
Вся рать неслась, хто швидше зміг.
Назад вертатись не охочі,
Всі бігли, аж не чули ніг.
Оставшись, Турн один маячив,
Нікого вкруг себе не бачив,
Стогнув зикратого хлистом;
І шапку на очі насунув,
Во всі лопатки в лагер дунув,
Що коник аж вертів хвостом.

70 Троянці із-за стін дивились,
Пан Турн як з військом тягу дав;
Перевертням морським чудились,
На добре всяк те толковав.
Но Турнові не довіряли;
Троянці правило се знали:
В війні з врагами не плошай;
Хто утіка – не все женися;
Хто мов і трусить – стережися;
Скиксуєш раз – тогді прощай!

71 Для ночі вдвоє калавури
На всіх поставили баштах,
Лихтарні вішали на шнури,
Ходили рунди по валах.
В обозі Турна тихо стало,
І тілько-тілько що блищало
Од слабих, блідних огоньків.
Враги троянські почивали,
Од трусів вилазки не ждали;
Оставмо ж сих хропти соньків.

72 У главной башти на сторожі
Стояли Евріал і Низ;
Хоть молоді були, та гожі
І кріпкі, храбрі, як харциз.
В них кров текла хоть не троянська,
Якась чужая – бусурманська,
Та в службі вірні козаки.
Для бою їх спіткав прасунок.
Пішли к Енею на вербунок;
Були ж обидва земляки.

73 "А що, як викравшись помалу,
Забратися в рутульський стан– –
Шептав Низ в ухо Евріалу. –
То каші наварили б там;
Тепер вони сплять з перепою,
Не дриґне ні один ногою,
Хоть всім їм горла переріж.
Я думаю туди пуститься,
Перед Енеєм заслужиться
І сотню посадить на ніж".

74 "Як– сам– мене оставиш– –
Спитався Низа Евріал. –
Ні! перше ти мене удавиш,
Щоб я од земляка одстав.
Від тебе не одстану зроду,
З тобою рад в огонь і в воду,
На сто смертей піду з тобой.
Мій батько був сердюк опрічний,
Мовляв (нехай покой му вічний);
Умри на полі як герой".

75 "Пожди і пальцем в лоб торкнися,-
Товарищеві Низ сказав,-
Не все вперед– назад дивися,
Ти з лицарства глузд потеряв.
У тебе мати єсть старая,
Без сил і в бідности слабая,
То і повинен жить для ней,
Одна оставшись без приюту,
Яку потерпить муку люту,
Таскавшись між чужих людей!

76 От я, так чисто сиротина,
Росту, як при шляху горох;
Без нені, без отця дитина,
Еней – отець, а неня – бог.
Іду хоть за чужу отчизну,
Не жаль нікому, хоть ізслизну,
А пам'ять вічну заслужу.
Тебе ж до жизни рідна в'яже,
Уб'ють тебе, вона в гріб ляже;
Живи для неї, я прошу".

77 "Розумно, Низ, ти розсуждаєш,
А о повинности мовчиш,
Которую сам добре знаєш,
Мені ж зовсім другу твердиш.
Де общеє добро в упадку,
Забудь отця, забудь і матку,
Лети повинность ісправлять;
Як ми Енею присягали,
Для його служби жизнь оддали,
Тепер не вільна в жизні мать".

78 "Іноси!" – Низ сказав, обнявшись
Со Евріалом-земляком,
І, за руки любенько взявшись,
До ратуші пішли тишком.
Іул сидів тут з старшиною,
Змовлялись, завтра як до бою
Достанеться їм приступать.
Як ось ввійшли два парубійки,
У брам змінившися од стійки,
І Низ громаді став казать:

79 "Був на часах я з Евріалом,
Ми пильновали супостат,
Вони тепер всі сплять повалом,
Уже огні їх не горять.
Дорожку знаю я окромну,
В нічну добу, в годину сонну,
Прокрастись можна поуз стан
І донести пану Енею,
Як Турн злий з челяддю своєю
На нас налазить, мов шайтан.

80 Коли зволяєтесь – веліте
Нам з Евріалом попитать,
Чкурнем і поки сонце зійде,
Енея мусим повидать".
"Яка ж одвага в смутне врем'я!
Так не пропало наше плем'я-" –
Троянці всі тут заревли;
Одважних стали обнімати,
Їм дяковать іціловати,
І красовулю піднесли.

81 Іул, Енеїв як наслідник,
Похвальну рацію сказав;
І свій палаш що звавсь побідник,
До боку Низа прив'язав.
Для милого же Евріала
Не пожалів того кинжала,
Що батько у Дидони вкрав.
І посулив за їх услугу
Землі овець і дать по плугу,
В чиновні вивесть обіщав.

82 Сей Евріал був молоденький,
Так годів з дев'ятнадцять мав,
Де усу буть, пушок м'якенький
Біленьку шкуру пробивав;
Та був одвага і завзятий,
Силач, козак лицарковатий,
Но пред Іулом прослезивсь.
Бо з матір'ю він розставався,
Ішов на смерть і не прощався;
Козак природі покоривсь.

83 "Іул Енеєвич, не дайте
Паньматці вмерти од нужди,
Їй будьте сином, помагайте
І заступайте від вражди,
Од бід, напраснини, нападку;
Ви сами мали паніматку,
То в серці маєте і жаль;
Я вам стару́ю поручаю,
За вас охотно умираю", –
Так мовив чулий Евріал.

84 "Не бійся, добрий Евріале, –
Іул йому сей дав одвіт, –
Ти служиш нам не за пропале,
На смерть несеш за нас живіт.
Твоїм буть братом не стижуся
І неню заступать кленуся,
Тебе собою заплачу:
Пайок, одежу і кватиру,
Пшона, муки, яєць і сиру
По смерть в довольстві назначу".

85 І так, одважна наша пара
Пустилася в рутульський стан.
На те і місяць вкрила хмара,
І поле вкрив густий туман.
Було се саме опівночі;
Рутульці спали скільки мочі,
Сивуха сну їм піддала;
Роздігшися, порозкладались,
В безпечности не сподівались
Ні од кого ніяка зла.

86 І часовиї, на мушкетах
Поклавшись, спали на заказ;
Хропли всі п'яні на пікетах,
Тут їх застав послідній час!
Передню побивши стражу,
Полізли в стан варити кашу;
Низ тут товаришу сказав:
"Приляж к землі ти для підслуху,
А я задам рутульцям духу,
Гляди, щоб нас хто не спіткав".

87 Сказавши, першому Раменту
Головку буйную одтяв,
Ну дав зробить і тестаменту,
К чортам його навік послав.
Сей на руках знав ворожити,
Кому знав скільки віку жити,
Та не собі він був пророк.
Другим ми часто пророкуєм,
Як знахурі, чуже толкуєм,
Собі ж шукаєм циганок.

88 А послі Ремових він воїв
По одному всіх подушив;
І блюдолизів, ложкомоїв
Впрах, вдребезги перемізжив.
Намацавши ж самого Рема,
Потиснув, мов Хому Я рема,
Що й очі вискочили преч;
Вхативсь за бороду кудлату
І злому Трої супостату
Макітру одділив од плеч.

89 Вблизі тут був намет Серрана,
На сього Низ і наскакав;
Він тілько що роздігсь з каптана
І смачно по вечері спав.
Низ шаблею мазнув по пупу,
Зад з головою сплющив вкупу,
Що із Серрана вийшов рак;
Бо голова між ніг вплелася,
А задня вгору піднялася;
Умер фигурно неборак!

90 І Евріал, як Низ возився,
То не гулявши простояв;
Він також к сонним докосився,
Врагів на той світ одправляв.
Колов і різав без розбору,
І як ніхто не мав з ним спору,
То поравсь, мов в кошарі вовк;
І виборних, і підпомощних,
І простих, і старших вельможних,
Хто ні попавсь, того і товк.

91 Попався Ретус Евріалу,
Сей не зовсім іще заснув;
Приїхавши од Турна з балу,
Пальонки дома ковтонув,
І тілько-тілько забувався,
Як Евріал к йому підкрався
І просто в рот кинжал уткнув,
І приколов його, як квітку,
Що баби колють на намітку,
Тут Ретус душу ізригнув.

92 Наш Евріал остервенився,
Забув, що на часок зайшов;
В намет к Мезапу був пустився,
Там може б смерть собі найшов;
Но повстрічався з другом Низом,
З запальчивим, як сам, харцизом,
Сей Евріала удержав.
"Покиньмо кров врагам пускати,
Пора нам відсіль уплітати", –
Низ Евріалові сказав.

93 Як вовк овець смиренних душить,
Коли в кошару завіта,
Курчатам тхір головки сушить,
Без крику мізок висмокта.
Як, добре врем'я угодивши
І сіркою хлів накуривши,
Без крику крадуть слимаки
Гусей, курей, качок, індиків
У гевалів і амаликів,
Що роблять часто і дяки.

94 Так наші смілиї вояки
Тут мовча проливали кров;
Од ней краснілися, мов раки,
За честь і к князю за любов.
Любов к отчизні де героїть,
Там сила вража не устоїть,
Там грудь сильнійша од гармат,
Там жизнь – алтин, а смерть – копійка,
Там лицар – всякий парубійка,
Козак там чортові не брат.

95 Так порався Низ з Евріалом,
Дали рутульцям накарпас;
Земля взялась од крові калом,
Поляк піднявся б по с а м п а с.
Но наші по крові бродили,
Мов на торгу музик водили,
І убирались на простор:
Щоб швидче поспішить к Енею
Похвастать храбростю своєю
І Турнів розказать задор.

96 Уже із лагеря щасливо
Убрались наші смільчаки;
Раділо серце не трусливо,
Жвяхтіли мокрі личаки,
Із хмари місяць показався,
І од землі туман піднявся,
Все віщовало добрий путь.
Як ось Волсент гульк із долини
З полком латинської дружини.
Біда! як нашим увильнуть-

97 Дали якраз до лісу тягу,
Бистріше бігли од хортів;
Спасались бідні на одвагу
Від супостатів, ворогів.
Так пара горличок невинних
Летять спастись в лісах обширних
Од злого кібчика когтей.
На зло, назначено судьбою,
Слідитиме скрізь за тобою,
Не утечеш за сто морей.

98 Латинці до лісу слідили
Одважних наших розбишак
І часовими окружили,
Що з лісу не шмигнеш ніяк;
А часть, розсипавшись по лісу,
Піймали одного зарізу,
То Евріала-молодця.
Тогді Низ на вербу збирався,
Як Евріал врагам попався,
Мов між вовків плоха вівця.

99 Низ – глядь, і бачить Евріала,
Що тішаться ним вороги;
Важка печаль на серце пала,
Кричить к Зевесу: "Помоги!"
Коп'є булатне направляє,
В латинців просто посилає,
Сульмону серце пробива;
Як сніп, на землю повалився,
Не вспів і охнуть, а скривився,
В послідній раз Сульмон зіва.

100 Вслід за коп'єм стрілу пускає
І просто Тагові в висок;
Душа із тіла вилітає,
На жовтий пада труп пісок.
Волсент утратив воїв пару,
Кленеть невидимую кару
І в яркости, як віл, реве:
"За кров Сульмонову і Тага
Умреш, проклята упиряга,
За ними вслід пошлю тебе".

101 І замахнувсь на Евріала,
Щоб знять головку палашем;
Тут храбрість Низова пропала,
І серце стало кулішем.
Біжить, летить, кричить щосили:
"Пеккатум робиш, фратер милий,
Невинному морс задаєш:
Я стультус, лятро, розбишака,
Неквіссімус і гайдамака;
Постій! невинную кров ллєш".

102 Но замахнувшись, не вдержався,
Волсент головку одчесав:
Головка, мов кавун качався,
Язик невнятно белькотав.
Уста коральні посиніли,
Рум'яні щоки поблідніли,
І білий цвіт в лиці пожовк;
Закрилися і ясні очі,
Покрились тьмою вічної ночі,
Навіки милий глас умовк.

103 Уздрівши Низ труп Евріала,
Од ярости осатанів;
Всіх злостей випустивши жала,
К Волсенту просто полетів,
Як блискавка проходить тучу,
Він так пробіг врагів між кучу
І до Волсента докосивсь:
Схватив його за чуб рукою,
Меч в серце засадив другою,
Волсент і духу тут пустивсь.

104 Як іскра, порох запаливши,
Сама з ним вкупі пропада;
Так Низ, Волсентія убивши,
І сам лишився живота;
Бо всі на його і напали,
На смерть звертіли і зім'яли
І голову зняли з плечей.
Так кончили жизнь козарлюги,
Зробивши славнії услуги
На вічность пам'яти своєй.

105 Латинці зараз ізробили
Абияк мари із дрючків;
На них Волсента положили
І понесли до земляків.
А буйні голови поклали
В мішок і теж з собой помчали,
Мов пару гарних дубівок.
Но в лагері найшли різниці,
Лежали битих м'яс копиці,
Печінок, легкого, кишок.

106 Як тілько що восток зардівся,
Світилка Фебова взійшла;
То Турн тогді уже наївся,
Оп'ять о битві помишляв.
Велів тривогу бить в клепало,
Щоб військо к бою виступало,
Оддать троянцям з баришком
За зроблену вночі потіху;
Для більшого ж: з троянців сміху
Велів взять голови з мішком.

107 Свого ж держася уговору,
Троянці в кріпости сидять,
Забилися, мов миші в нору,
Лукаву кішку як уздрять.
Но дать отпор були готові
І до остатнєй каплі крові
Свою свободу боронить
І нову Трою защищати,
Рутульцям перегону дати
І Турна лютость осрамить.

108 На перву рутулян попитку
Троянці так дали в одвіт,
Що Турн собі розчухав литку,
Од стиду скорчило живіт.
Звелів з досади, гніву, злости,
На глум підняти мертві кости,
На щогли голови наткнуть
Нещасних Низа з Евріалом
Перед самим троянським валом,
Щоб сим врагів своїх кольнуть.

109 Троянці зараз одгадали,
Чиї то голови стримлять;
Од жалю сльози попускали,
Таких лишившись паруб'ят.
Об мертвих вість скрізь пронеслася,
Вся рать троянська потряслася,
І душі смутку продались.
Як мати вість таку почула,
То тільки вічно не заснула,
Бо зуби у неї стялись.

110 А одійшовши, в груди билась,
Волосся рвала з голови,
Ревла, щипалася, дрочилась,
Мов ум змішався у вдови:
Побігла з криком вокруг вала
І голову коли пізнала
Свого синочка Евруся,
То на валу і розпласталась,
Кричала, гедзилась, качалась,
Кувікала, мов порося.

111 І диким голосом завила:
"О сину! світ моїх очей!
Чи я ж тебе на те родила,
Щоб згинув ти од злих людей-
Щоб ти мене – стару, слабую,
Завівши в землю сю чужую,
На вічний вік осиротив.
Моя ти радість і одрада,
Моя заслона і ограда;
Мене од всіх ти боронив.

112 Тепер до кого прихилюся,
Хто злую долю облегчить-
Куди в біді я притулюся-
Слабу ніхто не приглядить!
Тепер прощайте всі поклони,
Що получала во дні они
Од вдов, дівчат і молодиць;
За дивні брови соболині,
За очі ясні соколині,
Що здатний був до вечерниць.

113 Коли б мені твій труп достати
І тіло білеє обмить,
І з похороном поховати,
До ями з миром проводить.
О боги! як ви допустили,
Щоб і одинчика убили
І настромили на віху
Його козацькую головку;
Десь світ вертиться сей без толку,
Що тут дають і добрим тьху.

114 А ви, що Евруся згубили,
Щоб ваш пропав собачий рід!
Щоб ваші ж діти вас побили,
Щоб з потрухом погиб ваш плід!
Ох! Чом не звір я, чом не львиця-
Чом не скажена я вовчиця-
Щоб мні рутульців роздрать;
Щоб серце вирвать з требухою,
Умазать морду їх мазкою;
Щоб маслаки їх посмоктать".

115 Сей галас і репетовання
Троян всіх в смуток привело;
Плаксивеє з синком прощання
У всіх з очей слізки тягло.
Асканій більше всіх тут хлипав
І губи так собі задрипав,
Що мов на його сап напав.
К старій з поклоном підступивши,
На оберемок ухвативши,
В землянку з валу потаскав.

116 А тут кричать та в труби сурмлять,
Свистять в свистілки, дмуть в роги,
Квилять, брат брата в батька луплять;
В наскок яряться вороги.
Тут ржання кінське з тупотнею,
Там разний гомін з стукотнею,
Скрізь клопіт, халепа, сто лих!
Так в мідні клекотить гарячій,
Так в кабаці кричить піддячий,
Як кажуть, хоть винось святих.

117 Гей, музо, панночко цнотлива,
Ходи до мене погостить!
Будь ласкава, будь не спесива,
Дай поміч мні стишок зложить!
Дай поміч битву описати
І про війну так розказати,
Мов твій язик би говорив.
Ти, кажуть, дівка не бриклива,
Але од старости сварлива;
Прости! я, може, досадив.

118 І в самій речі проступився –
Старою дівчину назвав,
Ніхто з якою не любився,
Ні женихавсь, ні жартовав.
Ох, скілько муз таких на світі!
Во всякім городі, в повіті!
Укрили б зверху вниз Парнас.
Я музу кличу не такую:
Веселу, гарну, молодую;
Старих нехай брика Пегас.

119 Рутульці дралися на стіни,
Карабкалися, як жуки.
Турн з ярости дрижав і пінив,
Кричить: "Дружненько, козаки!"
В свою троянці также чергу
В одбої поралися зверху,
Рутульців плющили, як мух.
Пускали колоддя, каміння,
І враже так товкли насіння,
Що у рутульців хляв і дух.

120 Турн, бачивши троян роботу,
Як рать рутульськую трощать,
Як б'ють їх, не жалія поту,
Рутульці, мов в'юни, пищать;
Велів вести зо всіх олійниць,
Де тілько єсть, із воскобійниць,
Як можна швидче тарани.
Якраз і тарани вродились,
І воскобійники явились,
Примчались духом сатани.

121 Приставив тарани до брами,
В ворота зачали гатить;
Одвірки затряслись, мов рами,
І снасть од бою вся тріщить.
Турн сили вдвоє прикладає,
І тарани сам направляє,
І браму рушити велить.
Упала!.. Стуком оглушила,
Троян багацько подушила,
Турн в кріпость впертись норовить.

122 Біда троянцям! Що робити-
А муза каже: "Не жахайсь,
Не хист їх Турну побідити,
В чужую казку не мішайсь".
Троянці нап'яли всі жили
Та вмиг пролом і заложили,
І груддю стали боронить;
Рутульці бісом увивались,
Но на пролом не насовались,
А Турн не знав, і що робить.

123 Троянець Геленор одважний
І, як буряк, червоний Лик,
Горлань, верлань, кулачник страшний
І щирий кундель-степовик..
Сим двом безділля – всяке горе,
Здавалось по коліна море,
Потіха ж – голови зривать.
Давно їм в голові роїлось
І, мов на поступки, хотілось
Рутульцям перегону дать.

124 Так Геленор з червоним Ликом,
Роздігшися до сорочок,
Між вештанням, содомом, криком,
Пробралися подуть тичок.
Рутульців добре тасовали
І од рутульців получали
Квитанцію в своїх долгах.
Лик тільки тим і одличився,
Що як до Турна примостився,
То з'їздив добре по зубах.

125 Но Турн і сам був розбишака
І Лика сплющив в один мах;
Із носа бризнула кабака,
У Турна околів в ногах.
А також пану Геленору
Смертельного дали затьору,
І сей без духу тут оставсь.
Рутульців се возвеселило
І так їх серце ободрило,
Що і негідний скрізь совавсь.

126 Натиснули і напустились,
Рутульці кинулись на вал;
Троянці, як чорти, озлились,
Рутульців били наповал.
Тріщали кості, ребра, боки,
Летіли зуби, пухли щоки,
З носів і уст юшила кров:
Хто рачки ліз, а хто простягся,
Хто був шкереберть, хто качався,
Хто бив, хто різав, хто колов.

127 Завзятость всіх опановала,
Тут всякий пінив і яривсь;
Тут лютость всіми управляла
І всякий до надсаду бивсь.
Лигар ударом макогона
Дух випустив із Емфіона,
І сам навіки зуби стяв.
Лутецій б'єть Іліонея,
Циней Арефа, сей Цинея,
Один другого тасовав.

128 Ремул рутульської породи,
Троюродний був Турну сват,
Хвастун і дурень од природи,
Що ні робив, то все не в лад;
І тут начав щосил кричати,
Троянців лаять, укоряти,
Себе і Турна величать:
"Ага! проклятиї поганці,
Недогарки троянські, ланці!
Тепер прийшлось вам погибать.

129 Ми вас одучим, супостати,
Морити вдов, дурить дівок;
Чужії землі одніматі
І шкодити чужий садок.
Давайте вашого гульвісу,
Я вмиг його одправлю к бісу,
І вас подавимо, як мух:
Чого прийшли ви, голодрабці-
Лигать латинськії потапці-
Пождіть – ваш витіснім ми дух!"

130 Іул Енеєвич, дочувшись
До безтолкових сих річей,
Як шкурка на огні надувшись,
Злость запалала із очей,
Вхопив камінчик – прицілився,
Зажмурив око – приложився
І Ремула по лобу хвись!
Хвастун бездушний повалився,
Іул сердешно взвеселився,
А у троян дух ожививсь.

131 Пішли кулачні накарпаси,
В виски і в зуби стусани;
Полізли тельбухи, ковбаси,
Всі пінили, як кабани.
Всі роз'ярились через міру;
По-сербськи величали віру;
Хто чим попав, то тим локшив.
Піднявся писк, стогнання, охи,
Враг на врага скакав, мов блохи,
Кусався, гриз, щипав, душив.

132 Служили у троян два брати,
Із них був всякий Голіаф;
Широкоплечий і мордатий,
І по вівці цілком глитав.
Один дражнився Битіасом
Із Кочубейським він Тарасом
Коли б заввишки не рівнявсь;
Другий же брат Пандаром звався
І вищий од верстви здавався;
Та в'ялий, мов верблюд, тинявсь.

133 Два брати, грізні ісполини,
В бою стояли у ворот,
Дрючки держали з берестини
І боронили в кріпость вход.
Вони к землі поприсідали,
Троянці ж в город одступали,
К собі манили рутулян.
Рутульці зрять – навстяж ворота,
Прожогом в кріпость вся піхота
Спішить насісти на троян.

134 Но хто лиш в город показався,
Того в яєшню і поб'ють;
Битіас з братом управлявся,
Безщадно кров рутульську ллють.
Рутульці з криком в город пруться,
Як од серпа колосся жнуться.
Як над пашней хурчать ціпи,
Так ісполинськії дрючини
Мозчили голови і спини,
І всіх молотять, мов снопи.

135 Побачив Турн таку проруху,
Од злості ввесь осатанів;
Здригнувсь, мов випив чепуруху,
К своїм на поміч полетів.
Як тільки в кріпость протаскався,
Тузити зараз і принявся,
Хто тільки під руку попавсь:
Убив він з Афідном Мерона
І зо всього побіг розгона,
Де Битіас в крові купавсь.

136 З наскоку тріснув булавою
По в'язах, великан упав;
Об землю вдаривсь головою
І кріпость всю поколихав.
Реветь і душу іспускаєть
І воздух грімом наполняєть;
На всіх напав великий страх!
Не спас ні рост, ні сила многа,
Пропав Битіас, мов стонога;
І ісполин єсть черв і прах.

137 Пандар погибель бачив брата,
Злякався, звомпив, замішавсь
І од рутульська стратилата
Якмога швидче убиравсь.
Проміж оселею хилявся,
Тини переступав, ховався,
І щоб од Турна увильнуть,
Ворота зачинив у брами
І завалив їх колоддями,
Хотів од бою оддохнуть.

138 Но як же сильно удивився,
Як Турна в кріпости уздрів;
Тогді із нужди прибодрився
І злостию ввесь закипів.
"Ага! ти, шибеник, попався,
Без зву к нам в гості нав'язався, –
Пандар до Турна закричав. –
Пожди, от зараз почастую,
Із тебе виб'ю душу злую,
До сього часу храбровав!"

139 "Ану прилізь, – Турн одвічає, –
Келебердянськая верства!
Як б'ю я – брат твій теє знає,
Ходи, тобі вкручу хвоста".
Тут Пандар камінь піднімає
І в Турна зо всіх жил пускає,
Нирнув би Турн навіки в ад!
Но де Юнона ні взялася
І перед Турном розп'ялася,
Попав богиню камнем в лад.

140 Незриму чує Турн заслону,
Бодриться, скачеть на врага,
На поміч призива Юнону,
Пандара по лобу стьога,
І вовся з ніг його зшибає,
До мізку череп розбиває;
Пропав і другий великан!
Така потеря устрашила
І серце бодреє смутила
У самих храбрійших троян.

141 Удачею Турн ободрився,
По всіх усюдах смерть носив;
Як кнур свиріпий, роз'ярився
І без пощади всіх косив.
Розсік надвоє Філариса,
В яєшню розтоптав Галиса,
Крифею голову одтяв;
Щолкав в виски, штурхав під боки
І самиї кулачні доки
Ховались, хто куди попав.

142 Троянці злеє умишляють,
Щоб преч із кріпості втікать;
Своє лахміття забирають,
Куди удасться тягу дать.
Но їх обозний генеральний
Над всіми оставав начальний,
Серест вельможний обізвавсь:
"Куди– – вам сорома немає!
Хто чув– Троянець утікає!
Чого наш славний рід доживсь!

143 Один паливода ярує,
А вас тут стілько, боїтесь;
В господі вашій вередує
Рутульський шолудивий пес!
Що скаже світ про нас, трояне-
Що ми шатерники-цигане,
Що ми трусливійші жидів.
А князь наш бідний що помислить-
Адже ж за воїнів нас числить,
За внуків славнійших дідів.

144 Зберіться, Турна окружіте,
Не сто раз можна умирать;
Гуртом, гуртом його напріте,
Од вас він мусить пропадать".
Агу! Троянці схаменулись,
Та всі до Турна і сунулись;
Пан Турн тут на слизьку попав!
Виляв, хитрив і увивався,
І тільки к Тибру що добрався,
То в воду стриб – пустився вплав.

ЧАСТИНА ШОСТА

1 Зевес моргнув, як кріль усами,
Олимп, мов листик, затрусивсь;
Мигнула блискавка з громами,
Олимпський потрух взворушивсь.
Боги, богині і півбоги,
Простоволосі, босоногі,
Біжать в олимпську карвасар.
Юпітер, гнівом розпалений,
Влетів до них, мов навіжений,
І крикнув, як на гончих псар:

2 "Чи довго будете казитись
І стид Олимпові робить-
Щодень проміж себе сваритись
І смертних з смертними травить-
Поступки ваші всі не божі;
Ви на сутяжників похожі
І ради мордовать людей;
Я вас із неба поспихаю
І до того вас укараю,
Що пасти будете свиней.

3 А вам, олимпські зубоскалки,
Моргухи, дзиги, фиглярки,
Березової дам припарки,
Що довго буде вам втямки.
Ох, ви на смертних дуже ласі!
Як грек на ніжинські ковбаси,
Все лихо на землі од вас.
Чрез ваші зводні, женихання
Не маю я ушанування;
Я намочу вас в шевський квас.

4 Або оддам вас на роботу,
Запру в смирительних домах,
Там виженуть із вас охоту
Содомить на землі в людях.
Або я лучшу кару знаю,
Ось як богинь я укараю:
Пошлю вас в Запорізьку Січ;
Там ваших каверз не вважають
Жінок там на тютюн міняють,
Вдень п'яні сплять, а крадуть вніч.

5 Не ви народ мій сотворили,
Не хист создать вам черв'яка;
Нащо ж людей ви роздрочили-
Вам нужда до чужих яка-..
Божусь моєю бородою
І Гебиною пеленою,
Що тих богів лишу чинів,
Які тепер в війну вплетуться;
Нехай Еней і Турн скубуться,
А ви гляділь своїх чубів".

6 Венера молодиця сміла,
Бо все з воєнними жила,
І бите з ними м'ясо їла,
І по трахтирах пунш пила;
Частенько на соломі спала,
В шинелі сірій щеголяла,
Походом на візку тряслась;
Манишки офіцерські прала,
З стрючком горілку продавала
І мерзла вніч, а вдень пеклась.

7 Венера по-драгунськи – сміло
К Зевесу в витяжку іде,
Начавши говорити діло,
Очей з Зевеса не зведе:
"О тату сильний, величавий!
Ти всякий помисл зриш лукавий,
Тебе ніхто не проведе;
Ти оком землю назираєш,
Другим за нами приглядаєш,
Ти знаєш, що, і як, і де.

8 Ти знаєш, для чого троянців
Злим грекам допустив побить;
Енея з пригорщею ланців
Велів судьбам не потопить;
Ти знаєш лучше всіх причину,
Чого Еней приплив к Латину
І біля Тибра поселивсь-
Ти ж словом що опреділяєш,
Того вовік не одміняєш;
Відкіль же Турн тут притуливсь-

9 І що такеє Турн за свято,
Що не вважає і тебе-
Фригійське плем'я не прокляте,
Що всякий єретик скубе;
Твої закони б ісполнялись,
Коли б олимпські не мішались
І не стравляли би людей.
Твоїх приказів не вважають,
Нарошно Турну помагають;
Бо, бач, Венерин син Еней.

10 Троянців бідних і Енея
Хто не хотів, той не пужав;
Терпіли гірше Прометея,
На люльку що огню украв.
Нептун з Еолом з перепросу
Дали такого перечосу,
Що й досі зашпори щемлять.
Другії ж боги... що казати-
Діла їх лучше мусиш знати,
Енея тільки не з'їдять.

11 О Зевс! О батечку мій рідний!
Оглянсь на плач дочки своєї;
Спаси народ фригійський бідний,
Він діло єсть руки твоєї.
Як маєш ти кого карати,
Карай мене, – карай! я мати,
Я все стерплю ради дітей!
Услиш Венеру многогрішну!
Скажи мні річ твою утішну:
Щоб жив Іул, щоб жив Еней!"

12 "Мовчать! Прескверна пащекухо!
Юнона злобна порощить. –
Фіндюрко, ящірко, брехухо!
Як дам! очіпок ізлетить;
Ти смієш, кошеня мерзенне,
Зевесу доносить на мене,
Щоб тим нас привести в розлад;
За кого ти мене приймаєш-
Хіба ж ти, сучище, не знаєш,
Що Зевс мій чоловік і брат-

13 Тобі, Зевес, скажи, не стидно,
Що пред тобою дрянь і прах
Базіка о богах обидно,
Мудрує о твоїх ділах-..
Який ти світа повелитель
І наш олімпський предводитель,
Коли проти фіндюрки пас-..
Всесвітня волоцюга, мерзька,
Нікчемна зводниця цитерська,
Для тебе лучшая од нас.

14 А з Марсом чи давно піймавши,
Вулкан їй пелену відтяв;
Різками добре одідравши,
Як сучку, в ретязку держав.
Но ти того буцім не знаєш,
Як чесную її приймаєш
І все робить для неї рад.
Вона і Трою розорила,
Вона Дидону погубила;
Но все іде для неї в лад.

15 Де ся підтіпанка вмішалась,
То верб'я золоте росло;
Земля б щасливою назвалась,
Коли б таке пропало зло.
Чрез неї вся латинь возстала
І на троян її напала,
І Турн зробивсь Енею враг.
Не можна бід всіх ізлічити,
Яких успіла наробити
На небі, на землі, в водах.

16 Тепер же на мене звертає,
Сама наброївши біди;
І так Зевеса умоляє,
Мов тілько вилізла з води.
Невинничаєть, мов Сусанна;
Незаймана ніколи панна,
Що в хуторі зжила ввесь вік.
Не діждеш з бабкою своєю –
Я докажу твому Енею...
Богиня я! – він чоловік".

17 Венера лайки не стерпіла,
Юнону стала кобенить;
І перепалка закипіла,
Одна одну хотіла бить.
Богині в гніві також баби
І також на утори слаби,
З досади часом і брехнуть;
І, як перекупки, горланять,
Одна другу безчестять, ганять
І рід ввесь з потрухом кленуть.

18 "Та цитьте, чортові сороки! –
Юпитер грізно закричав. –
Обом вам оббʼю я щоки;
Щоб вас, бублейниць, враг побрав!
Не буду вас карать громами;
По пʼятах вибʼю чубуками,
Олимп заставлю вимітать;
Я вас умію усмирити,
Заставлю чесно в світі жити
І зараз дам себе вам знать.

19 Занишкніть, уха наставляйте
І слухайте, що я скажу;
Мовчіть! роти пороззявляйте,
Хто писне – морду розміжжу.
Проміж латинців і троянців
І всяких Турнових поганців
Не сикайся ніхто в війну;
Ніхто ніяк не помагайте,
Князьків їх також не займайте,
Побачим, здасться хто кому".

20 Замовк Зевес, моргнув бровами
І боги врозтіч всі пішли,
І я прощаюсь з небесами,
Пора спуститись до землі
І стать на Шведськую могилу,
Щоб озирнуть воєнну силу
І битву вірно описать;
Купив би музі на охвоту,
Щоб кончить помогла роботу,
Бо нігде рифм уже достать.

21 Турн осушивсь після купання
І ганусною підкрепивсь,
З намету виїхав зарання,
На кріпость сентябрьом дививсь.
Трубить в ріжок! – оп'ять тривога!
Кричать, біжать, спішать якмога;
Великая настала січ!
Троянці дуже славно бились,
Рутульці трохи поживились,
Насилу розвела їх ніч.

22 В сю ніч Еней уже зближався
До городка, що Турн обліг;
З Паллантом в човні частувався,
Поїв всю старшину, як міг.
В розказах чванився ділами,
Як храбровав з людьми, з богами,
Як без розбору всіх тузив.
Паллант і сам був зла брехачка,
Язик його тож не клесачка,
В брехні Енею не вступив.

23 Ану, старая цар-дівице,
Сідая музо, схаменись!
Прокашляйсь, без зубів сестрице,
До мене ближче прихились!
Кажи: якії там прасунки
В Енеєві пішли вербунки,
Щоб проти Турна воювать.
Ти, музо, кажуть всі, письменна,
В Полтавській школі наученна,
Всіх мусиш поіменно знать.

24 Читайте ж, муза що бормоче:
Що там з Енеєм плив Массик,
Лінтяй, ледащо неробоче,
А сильний і товстий, мов бик.
Там правив каюком Тигренко,
Із Стехівки то шинкаренко,
І віз з собою сто яриг.
Близ сих плили дуби Аванта,
Він був страшнійший од сержанта;
Бо всіх за все по спині стриг.

25 Поодаль плив байдак Астура,
Сей лежнем в винницях служив;
На нім була свиняча шкура,
Котору він як плащ носив.
За ним Азиллас плив на барці,
Се родич нашій паламарці, –
Недавно з кошельком ходив;
Но, бач, безокая фортуна
Зробила паном із чупруна.
Таких немало бачим див!

26 А то на легкому дубочку,
Що роззолочений ввесь впрах,
Сидить, розхриставши сорочку,
З турецьким чубуком в зубах-
То Цинарис, цехмистр картьожний,
Фигляр, обманщик, плут безбожний,
З собою всіх шахраїв веде;
Коли, бач, Турна не здоліють,
То картами уже подіють,
Що між старці Турн попаде.

27 А то сидить в брилі, в кереї
З товстою книжкою в руках,
І всім, бач, гонить ахинеї,
І спорить о своїх правах.
То родом з Глухова юриста,
Він має чин канцеляриста
І єсть добродій Купавон.
Щоб значкового дослужиться
І на війні чим поживиться,
Вступив в Енеїв легіон.

28 А то беззубий, говорливий,
Сухий, невірний, як шкелет,
І лисий, і брехун сварливий-
То вихрест із жидів Авлет.
Недавно на другій женився,
Та, бач, в рахунку помилився,
Із жару в полом'я попав;
Щоб од яги як одв'язатись,
То мусив в військо записатись
І за шпигона на год став.

29 Іще там єсть до півдесятка,
Но дріб'язок і гольтіпа;
В таких не буде недостатка,
Хоть в день їх згине і копа.
А скільки ж всіх- - того не знаю,
Хоть муза я – не одгадаю,
По пальцям тож не розлічу;
Бігме! на щотах не училась,
Над карбіжем тож не трудилась,
Я що було, те лепечу.

30 Уже Волосожар піднявся,
Віз на небі вниз повертавсь,
І дехто спати укладався,
А хто під буркой витягавсь.
Онучі инчі полоскали,
Другії лежа розмовляли,
А хто прудився у кабиць.
Старші, підпивши, розійшлися
І дома за люльки взялися,
Лежали боком, навзнич, ниць.

31 Еней один не роздягався,
Еней один за всіх не спав;
Він думав, мислив, умудрявся
(Бо сам за всіх і одвічав),
Як Турна-ворога побити,
Царя Латина ускромнити
І успокоїти народ.
В сій думці смутно похожая
І мислю богзна-де літая,
Під носом бачить коровод.

32 Ні риби то були, ні раки,
А так, якби кружок дівчат;
І бовталися, як собаки,
І вголос, як кішки, нявчать.
Еней здригнувсь і одступає
І "Да воскреснеть" вслух читає,
Но сим ні трохи не поміг;
Ті чуда з сміхом, з реготнею
Вхватились за поли з матнею,
Еней аж на поміст приліг.

33 Тогді одна к йому сплигнула
Так, мов цвіркун або блоха,
До уха самого прильнула,
Мов гадина яка лиха.
"Чи не пізнаєш нас, Енею-
Та ми ж з персоною твоєю
Троянський ввесь возили род;
Ми Ідської гори дубина,
Липки, горішина, соснина,
З яких був зроблений твій флот.

34 До нас було Турн докосився
І байдаки всі попалив.
Та Зевс, спасибі, поспішився,
Як бач, мавками поробив.
Була без тебе зла година,
Трохи-трохи твоя дитина
Не оддала душі богам,
Спіши свій городок спасати;
Ти мусиш ворогам тьху дати,
Ти сам – повір моїм словам".

35 Сказавши, за ніс ущипнула;
Еней мов трохи ободривсь;
І на других хвостом махнула,
Ввесь флот неначе поспішивсь;
Мавки бо стали човни пхати,
Путем найлучшим направляти.
І тілько начинався світ,
Еней уздрів свій стан в осаді;
Кричить во гніві і досаді,
Що Турна лусне тут живіт.

36 А сам, матню прибравши в жменю,
По пояс в воду з човна плиг;
І кличе в поміч гарну неню
І всіх олимпівських богів.
За ним Паллант, за сим вся сволоч
Стриб-стриб з човнів, Енею в помоч
І тісно строяться на бой.
"Ну, разом! – закричав, – напрімо!
І недовірків сокрушімо,
Рушайте, як один, шульгой".

37 Троянці, з города уздрівши,
Що князь на поміч к ним іде,
Всі кинулись, мов одурівши,
Земля од топотні гуде.
Летять і все перевертають,
Як мух, рутульців убивають,
Сам Турн стоїть ні в сих ні в тих;
Скрізь ярим оком окидає,
Енея з військом уздріває
І репетує до своїх:

38 "Реб'ята! бийтесь, не виляйте,
Настав тепер-то січі час!
Доми, жінок, батьків спасайте,
Спасайте, любо що для вас!
Ступня не оддавайте даром,
Їх кості загребем тут ралом,
Або... но ми храбріші їх!
Олимпські нас не одступились,
Вперед! Троянці щось смутились,
Не жалуйте боків чужих".

39 Примітя ж Турн гармидер в флоті,
Туди всю силу волоче;
Скрізь йорзає, як чорт в болоті,
І о поживі всім товче.
Построївши рутульців в лаву,
Одборних молодців на славу,
Пустився на союзних вскач.
Кричить, рубає, вередує,
Не б'ється, бач, а мов жартує,
Бо був вертлявий і силач.

40 Еней пройдисвіт і не промах,
В війні і взріс і постарів;
Привідця був во всіх содомах,
Ведмедів бачив і тхорів.
Дитина хукає на жижу;
Енею ж дур невдивовижу,
Видав він різних мастаків.
На Турна скоса поглядає
І на рутульців наступає,
Пощупать ребер і боків.

41 Фарона першого погладив
По тім'ю гострим кладенцем
І добре так його уладив,
Що сей вильнув наверх денцем.
Потім Ліхаса в груди тиснув,
Сей повалив і більш не писнув;
За ним без голови Кісей,
Як міх з пашнею, повалився,
І Фар на теє ж нахопився,
Розплющив і сього Еней.

42 Еней тут добре колобродив
І всіх на чудо потрошив;
Робив він із людей уродів
І щиро всіх на смерть душив.
Паллант був перший раз на битві,
Кричав, жидки як на молитві,
Аркадян к бою підтрунав,
По фрунту бігав, турбовався,
Плигав, вертівся, ухилявся,
Як к огир в стаді, ярував.

43 Тут Даг, рутулець прелукавий,
Пізнав одразу новичка,
Хотів попробовать для слави,
Паллантові піддать тичка;
Но наш аркадець ухилився,
Рутулець з жизнею простився,
В аркадцях закипіла кров!
Одні других випереджають,
Врагів, як хмиз, трощать, ламають;
Така підданців єсть любов.

44 Паллант Евандрович наскоком
Якраз Гібсона і насів,
Шпигнув в висок над правим оком,
Гібсон і дутеля із'їв.
За сим такая ж смертна кара
І лютого постигла Лара.
Ось Ретій в бендюгах летить!
Сього Паллант стягнув за ногу,
Ударив, як пузир, об дрогу,
Мазка із трупа капотить.

45 Ось! ось! яриться, бісом дише!
Агамемноненко Галес.
І бистрим бігом все колише,
Неначе в гніві сам Зевес;
Вокруг себе все побиває,
Фарет, з ним збігшись, погибає,
Душі пустився Демоток.
Ладона сплющив, як блощицю,
Кричить: "Палланта-ледащицю
Злигаю я в один ковток".

46 Паллант, любесенький хлопчина,
Скріпивсь, стоїть, як твердий дуб,
І жде, яка то зла личина
Йому нам'яти хоче чуб.
Дождавсь – і зо всього розгона
Вліпив такого макогона,
Що пан Галес шкереберть став.
Паллант, його поволочивши,
Потім на горло наступивши,
Всього ногами потоптав.

47 За сим Авента, пхнувши ззаду,
Поставив раком напоказ;
І тут сього ж понюхав чаду
Одважний парубійка Клавз.
Хто ні сусіль, тому кабаки
Давав Паллант і всі бурлаки,
З Аркадії що з ним прийшли.
Побачив Турн собі зневагу,
Не мед дають тут пить, а брагу,
І коси на траву найшли.

48 Зробився Турн наш біснуватим,
Реве, як ранений кабан;
Гаса, финтить своїм зикратим;
Що ваш проти його Полкан!
Простесенько к Палланту мчиться,
Зубами скреготить, яриться
І гамка їсти здалека.
Уже шаблюкою махає,
Коневі к шиї прилягає,
Хитрить, як ловить кіт шпака.

49 Паллант, мов од хорта лисиця,
Вильнув і обіруч мечем
Опоясав по попереку,
Що Турн аж поморгав плечем;
І вмиг, не давши схаменутись
Ні головою повернутись,
Стьогнув ще Турна через лоб.
Но Турн байдуже, не скривився,
Бо, бач, булатом ввесь обшився
І був, як в шкаралупі боб.

50 Так Турн, Палланта підпустивши,
Зо всіх сил келепом мазнув;
За руси кудрі ухвативши,
Безчувственна з коня стягнув;
Кров з рани джерелом лилася,
В устах і в носі запеклася,
Надвоє череп розвались;
Як травка, скошеная в полі,
Ув'яв Паллант, судеб по волі;
Сердега в світі не наживсь!

51 Турн сильно злобною п'ятою
На труп Палланта настоптав,
Ремень з лядункой золотою
З бездушного для себе зняв;
Потім сам на коня схватився,
Над мертвим паничем глумився
І так аркадянам сказав:
"Аркадці! лицаря візьміте!
В ралець к Евандру однесіте,
К Енею що в союз пристав".

52 Таку побачивши утрату,
Аркадці галас підняли,
Клялися учинить одплату,
Хоча би трупом всі лягли;
На щит Палланта положили,
Комлицькой буркою прикрили,
Із бою потаскали в стан.
О смерті князя всі ридали,
Харциза Турна проклинали.
Та де ж: троянський наш султан-

53 Но що за стук, за гомін чую-
Який гармидер бачу я!
Хто землю так трясе сирую-
І сила там мутить чия-
Як вихрі на пісках бушують,
В порогах води як лютують,
Коли прорватися хотять;
Еней так в лютім гніві рветься,
Одмстить Палланта смерть несеться,
Сустави всі на нім дрижать.

54 До лясу! Турна розбишаки,
Вам більше рясту не топтать!
Вам дасть Еней міцной кабаки,
Що будете за Стиксом чхать.
Еней совавсь, як навіжений,
Кричав, скакав, мов віл скажений,
І супротивних потрошив:
Махне мечем – врагів десятки
Лежать, повиставлявши п'ятки;
Так в гніві сильно їх локшив!

55 В запалі налетів на Мага,
Як на мале курча шулік;
Пропав навік сей Маг бідняга,
Порхне душа на другий бік;
Видючой смерти він боявся,
Енея у ногах валявся,
Просив живцем в неволю взять;
Но сей, коп'єм наскрізь пробивши
І до землі врага пришивши,
Других пустився доганять.

56 Тут на бігу піймав за рясу
Попа рутульського полку,
Смертельного задавши прасу,
Як пса покинув на піску.
Погиб тут також храбрий Нума,
Убив Сереста, його кума,
Тарквиту голову одтяв;
Камерта висадив з кульбаки,
Ансура в ад послав по раки,
А Луку пузо розплатав.

57 Як задавав Еней затьору
Всім супостатам на заказ,
Як всіх калічив без розбору
І убивав по десять враз:
Лігар з Лукуллом поспішають
І в тарадайці напирають
Енея кіньми потоптать.
Но тут їх доля зла наспіла,
І душі сих братів із тіла
Пішли к Плутону погулять.

58 Так наш Еней тут управлявся
І стан свій чистив од врагів;
Прогнавши супостат, зближався
До города свого валів.
Трояне, вилазку зробивши,
Латинян к чорту протуривши,
З Енеєм вкупу ізійшлись.
Здоровкалися, обнімались,
Розпитовались, ціловались,
А деякі пить принялись.

59 Іул як комендант ісправний
Енеєві лепорт подав,
Як війська ватажок начальний
Про все дрібненько розказав.
Еней Іула вихваляє,
Потім до серця прижимає;
Цілуєть люблязно в уста.
Енея серце трепетало,
Воно о сині віщовало,
Що він надежда не пуста.

60 В се врем'я Юпитер, підпивши,
З нудьги до .жінки підмощавсь,
І морду на плече склонивши,
Як блазень, чмокавсь та лизавсь;
Щоб більше ж угодить коханці,
Сказав: "Дивися, як троянці
Од Турна врозтіч всі летять;
Венера пас перед тобою:
Од неї краща ти собою,
До тебе всі лапки мостять.

61 Моє безсмертіє ярує,
Розкошних ласк твоїх бажа;
Тебе Олимп і світ шанує,
Юпитеру ти госпожа.
Захоч – і вродиться все зразу,
Все в світі ждеть твого приказу,
За твій смачний і ласий цмок..."
Сказавши, стиснув так Юнону,
Що трохи не скотились з трону,
А тілько Зевс набив висок.

62 Юнона, козир-молодиця,
Юпитеру не піддалась;
Бо знала, що стара лисиця
На всякі штуки удалась,
Сказала: "О, очей всіх світе,
Старий олимпський єзуїте!
З медовими річми сховайсь.
Уже мене давно не любиш,
А тільки п'яний і голубиш.
Одсунься геть – не підсипайсь.

63 Чого передо мной лукавиш,
Не дівочка я в двадцять літ,
І теревені-вені правиш,
Щоб тільки заморочить світ.
Нехай все буде по-твоєму;
Дай тілько Турнові моєму
Хоть трохи на світі пожить;
Щоб міг він з батьком повидаться
І перед смертю попрощаться;
Нехай – не буду більш просить".

64 Сказавши, в Йовиша вп'ялася
І обняла за поперек,
І так натужно простяглася,
Що світ в очах обох померк.
Розм'як Зевес, як після пару,
І вижлоктив підпінка чару,
На все ізвол Юноні дав.
Юнона в котика з ним грала,
А в мишки так залескотала,
Що аж Юпитер задрімав.

65 Олимпськії во всяку пору
І грім пускающий їх пан
Ходили голі без зазору,
Без сорома, на кшталт циган.
Юнона, з неба увильнувши,
І гола, як долоня, бувши,
По-паруб'ячу одяглась;
Кликнувши ж в поміч Асмодея,
Взяла на себе вид Енея,
До Турна просто понеслась.

66 Тогді пан Турн зіло гнівився
І приступу к собі не мав,
Що у троян не поживився
І тьху Енеєві не дав.
Як ось мара в лиці Енея,
В кереї бідного Сихея,
Явилась Турна задирать:
"Ану лиш, лицарю мізерний,
Злиденний, витязю нікчемний,
Виходь сто лих покуштовать".

67 Турн зирк – і бачить пред собою
Присяжного свого врага,
Що так не гречі кличе к бою
І явно в труси пострига.
Осатанів і затрусився,
Холодним потом ввесь облився,
Од гніву сумно застогнав.
Напер мару – мара виляє,
Еней од Турна утікає!
І Турн вдогонку поскакав.

68 Той не втече, сей не догонить,
От тілько-тілько не вшпигне;
Зикратого мечем супонить,
Та ба! мари не підстьобне.
"Та не втечеш, – кричить, – паничу!
Ось зараз я тебе підтичу,
Се не в кукли з Лависей грать;
Тебе я швидко повінчаю
І воронів потішу стаю,
Коли начнуть твій труп клювать".

69 Мара Енеєва, примчавшись
До моря, де стояв байдак,
Нітрохи не остановлявшись
(Щоб показать великий ляк),
Стрибнула в нього, щоб спастися;
Тут без числа Турн осліпився,
Туди ж в байдак і сам стрибнув,
Щоб там з Енея поглумиться,
Убить його, мазки напиться;
Тогді б Турн перший лицар був!

70 Тут вмиг байдак заворушився
І сам, одчаливши, поплив;
А Турн скрізь бігав і храбрився
І тішивсь, що врага настиг.
Таку Юнона зливши кулю,
Перевернувшися в зозулю,
Махнула в вирій навпростець.
Турн глядь, аж він уже средь моря,
Трохи не луснув з серця, з горя,
Та мусив плить, де жив отець.

71 Юнона з Турном як шутила,
Еней про теє ні гу-гу;
Бо на його туман пустила,
Що був невидим нікому;
І сам нікого тож не бачив,
Но послі як прозрів, кулачив
Рутулян і других врагів:
Убив Лутага, Лавза, Орсу,
Парфену, Палму витер ворсу,
Згубив багацько ватажків.

72 Мезентій, ватажок тирренський,
Одважно дуже підступив
І закричав по-бусурменськи,
Що тілько пан Еней і жив!
"Виходь! – кричить, – тичка подмімо,
Нікого в поміч не просімо,
Годящі парні: ти і я,
Ану!" – і сильно так стовкнулись,
Що трохи в'язи не звихнулись,
Мезентій же упав з коня.

73 Еней, не милуя чванливих,
В Мезентія всадив палаш;
Дух вискочив в словах лайливих,
Пішов до чорта на шабаш.
Еней побідой утішався,
Зо всі ми добре частовався,
Олимпським жертви закурив.
Пили до ночі та гуляли
І п'яні спати полягали,
Еней був п'яний, єлє жив.

74 Уже світовая зірниця
Була на небі, як п'ятак,
Або пшенишна варяниця,
І небо рділося, мов мак.
Еней троянців в гурт ззиває
І з смутним видом об'являє,
Що мертвих треба поховать;
Щоб зараз принялися дружно,
Братерськи і єдинодушно,
Троян убитих зволікать.

75 Потім Мезентія доспіхи
На пень високий насадив,
І се робив не для потіхи,
А Марса щоб удоволив,
Шишак, панцир і меч булатний;
Спис з прапором, щит дуже знатний;
І пень, мов лицар, в збруї був.
Тогді до війська обернувся,
Прокашлявся і раз смаркнувся,
І річ таку їм уджигнув:

76 "Козацтво! лицарі! трояне!
Храбруйте! наша, бач, бере;
Оце опудало погане
Латинів город оділре.
Но перше чим начнем ми битись,
Для мертвих треба потрудитись,
Зробить їх душам упокой;
Імення лицарів прославить,
Палланта к батькові одправить,
Що наложив тут головой".

77 За сим пішов в курінь просторий,
Де труп царевича лежав,
Над ним аркадський підкоморий
Любистком мухи обганяв.
Троянські плакси тут ридали,
Як на завійницю кричали,
Еней зарюмсав басом сам:
"Гай, гай! – сказав, – ув'яв мій гайстер!
Який то був до бою майстер.
Угодно, бачу, так богам!"

78 Звелів носилки з верболозу
І з очерету балдахин
Зготовить тіла для виносу,
Щоб в них Палант, Евандрів син,
Вельможна, панська персона
Явилася перед Плутона
Не як абиякий харпак.
Жінки покійника обмили,
Нове обрання наложили,
Запхнули за щоку п'ятак.

79 Як все уже було готово,
Тогді якийсь їх филозоп
Хотів сказать надгробне слово,
Та збився і почухав лоб;
Сказав: "Се мертвий і не дишеть,
Не видить, то єсть і не слишить,
Єй, єй! Уви! он мертв, амінь!"
Народ від річі умилився
І гірко-гірко прослезився
І мурмотав:" Паноче, згинь".

80 Потім Палланта покадили,
К носилкам винесли надвір;
Над балдахином положили,
Еней тут убивавсь без мір.
Накривши гарним покривалом,
Либонь, тим самим одіялом,
Що од Дидони взяв Еней;
Взмостили воїни на плечі
І помаленьку, по-старечи
Несли в містечко Паллантей.

81 Як вибрались на чисте поле,
Еней з покійником прощавсь,
Сказав: "О жизнь! бурливе море,
Хто цілий на тобі оставсь.
Прости, приятелю любезний,
Оддячу я за вид сей слезний,
І Турн получить з баришком".
Потім Палланту уклонився,
Облобизав і прослезився,
Додому почвалав тишком.

82 К господі тілько що вернувся
Наш смутний лицар, пан Еней,
Уже в присінках і наткнувся
На присланих к нему гостей:
Були посли се од Латина,
І всі асесорського чина,
Один армейський копитан;
Сей скрізь по світу волочився,
І по-фригійську научився,
В посольстві був як драгоман.

83 Латинець старший по породі
К Енею рацію начав,
І в нашім, значить, переводі
Буцімто ось він що сказав:
"Не ворог, хто уже дублений,
Не супостат, чий труп нікчемний
На полі без душі лежить.
Позволь тіла убитої рати,
Як водиться, землі предати;
Нехай князь милость сю явить".

84 Еней, к добру з натури склонний,
Сказав послам латинським так:
"Латинус рекс єсть невгомонний,
А Турнус пессімус дурак.
І кваре воювать вам мекум-
Латинуса буть путо цекум,
А вас, сеньйорес, без ума;
Латинусу рад пацем даре,
Пермітто мертвих поховаре,
І злости корам вас нема.

85 Один єсть Турнус ворог меус,
Сам ерго дебет воювать;
Велять так фата, ут Енеус
Вам буде рекс, Аматі зять.
Щоб провести ад фінем беллюм,
Ми зробим з Турнусом дуеллюм,
Про що всіх сангвіс проливать
Чи Турнус буде, чи Енеус,
Укажеть глядіус, вель деус,
Латинським сцептром управлять".

86 Латинськії посли ззиркнулись,
По серцю їм ся річ була;
Знечев'я трохи схаменулись,
Дрансеса смілость тут взяла:
"О князю, – крикнув, – пресловутий!
Великим ти родився бути!
Ми все в Латинови уста
Внесем, дрібнесенько розкажем
І щиро, щиро те докажем,
Що з Турном дружба єсть пуста".

87 І мировую тут зробили
На тиждень, два або і три,
І в договорі положили,
Щоб теслі і другі майстри
Латинські помогли троянам,
Сим ланцям, голякам, прочанам,
Достроїть новий городок;
Щоб нарубать дали соснини,
Кленків, дубків і берестини,
На крокви годних осичок.

88 За сим тут началось гуляння,
І чарочка пішла кругом;
Розкази, сміхи, обнімання,
Ділились дружно тютюном.
Які пили, які трудились
І над убитими возились;
В лісах же страшна стукотня.
В коротке мировеє врем'я
Латинське і троянське плем'я
Було як близькая рідня.

89 Теперби треба описати
Евандра батьківську печаль
І хлипання все розказати,
І крик, і охання, і жаль.
Та ба! не всякий так змудрує,
Як сам Виргилій намалює,
А я ж до жалю не мастак:
Я сліз і охання боюся
І сам ніколи не журюся;
Нехай собі се піде так.

90 Як тільки світова зірниця
На небі зачала моргать,
То все троянськая станиця
Взялася мертвих зволікать.
Еней з Трахоном роз'їжає,
К трудам дружину понуждає,
Кладуть із мертвих тіл костри;
Соломой їх обволікають,
Олію з дьогтем поливають
На всякий зруб разів по три.

91 Потім солому підпалили,
І пломʼя трупи обняло,
І вічну памʼять заквилили,
Аж сумно слухати було.
Тут кость, і плоть, і жир шкварчали,
Тут инчі смалець істочали,
У инчих репався живіт;
Смрад, чад і дим кругом носились,
Жерці найбільше тут трудились,
Ізконебє халтурний рід.

92 Други, товариші і кревні,
Батьки, сини, куми, свати,
На віки вічні незабвенні,
А може, хто із суєти,
В огонь шпурляли різну збрую,
Одежу, обув дорогую,
Шаблі, лядунки, келепи,
Шапки, свитки, кульбаки, троки,
Онучі, постоли, волоки
Шпурлялись, як на тік снопи.

93 Не тілько в полі так робилось,
В Лавренті сумно тож було;
Багацько трупа там палилось,
Поспульство ж на чім світ ревло.
Там батько сина-парубійку
Оплаковав і кляв злодійку
Війну і ветхого царя;
Тут дівка вельми убивалась,
Що без вінця вдовой осталась,
Утративши богатиря.

94 Жінки, порозпускавши коси,
Розхристані і без свиток,
Розтрьопані, простоволоси
Галасовали на ввесь рот.
По мертвих жалібно кричали,
По грудях билися, стогнали,
Латинів проклинали рід;
Про Турна ж всі кричали сміло,
Що за своє любовне діло
Погубить даром ввесь народ.

95 Дрансес на Турна тут доносить,
Що Турн всім гибелям вина;
Еней на бой його лиш просить,
І так би й кончилась війна.
Но і у Турна був сутяга,
Брехун, юриста, крюк, підтяга,
І діло Турна защищав;
Та і Аматині пролази
Пускали рознії розкази,
Щоб Турн ні в чім не уважав.

96 Як ось од хана Діомида
Латинові прийшли посли,
І із охлявшого їх вида
Не видно, радість щоб несли.
Латин вельможам з старшиною
Велить явитись пред собою,
Що все і сталося якраз;
Послів кликнули до громади,
І, виповнивши всі обряди,
Латин прорек такий приказ:

97 "Скажи, Венуле нежахливий,
Всю хана Діомида річ,
Здається, був ти не брехливий,
Таким тебе зна наша Січ".
"Підніжок твій я і підданець,
Із слуг твоїх послідній ланець, –
Сказав Венул, – не погнівись!
Мужича правда єсть колюча,
А панська на всі боки гнуча,
І хан сказав так, не сумнись:

98 Не з мордою Латина битись
Против троянських розбишак;
Вам треба б перше придивитись,
Який то єсть Еней козак!
Під Троєю він дався знати
Нам всім, як взявся ратовати
Богів домашніх і рідню.
Він батька спас в злу саму пору,
На плечах зніс на їду-гору,
Сього не майте за бридню.

99 Против Енея не храбруйте,
Для нас здається він святим;
І так Латину розтолкуйте,
Щоб лучше помирився з ним.
Гай! гай! де діти єсть такії,
Щоб кудрі батькови сідії
Найвище ставили всього-
Не ворог я царю Латину,
Но чту Анхизову дитину
І не піду против його.

100 Прощайте, доміні латинці!
Поклон мій вашому царю;
Возьміть назад свої гостинці,
Одправте їх к багатирю
Енею і просіть покою".
Венул утерся тут рукою
І річі сій зробив кінець.
Збентежила ся річ Латина,
Здавалось, близька зла година;
На лисині трусивсь вінець.

101 Латин од думки схаменувся,
Олимпським трохи помививсь;
Наморщивсь, сентябрьом надувся
І смутно на вельмож дививсь.
"А що– сказав, – чи поживились-
От з Діомидом ви носились,
А він вам фигу показав;
Заздалегідь було змовлятись,
Як з пан-Енеєм управлятись,
Поки лапок не розіклав.

102 Тепер не приберу більш глузду,
Як тут сих поселить прочан;
Землі шматок єсть не під нужду,
То їм з угоддями оддам.
Оддам нив'я і сінокоси,
І риболовні тибрські коси,
То буде нам Еней сусід;
Коли ж не схоче він остаться,
То все ж ізбавимся од бід.

103 А щоб з Енеєм лад зробити,
Пошлю послів десятків п'ять;
І мушу дари одрядити,
Диковинки коли б достать:
Павидла.сала, осятрини,
Шалевий пояс і люстрини,
Щоб к празнику пошив каптан,
Сап'янці із Торжка новенькі,
Мальованії потибеньки.
А нуте! як здається вам-"

104 Дрансес був дивний говоруха
І Турнові був враг лихий,
Встає, ус гладить, в носі чуха,
Дає одвіт царю такий:
"Латине світлий, знаменитий,
Твоїми мед устами пити!
Всяк тягне в серці за тебе;
Но одізватися не сміють,
Сидять, мовчать, сопуть, потіють
І всяк мізкує про себе.

105 Нехай же та личина люта,
Що нас впровадила в війну
І ганьбою до всіх надута,
Походить більш на сатану!
Що скільки болі причинила,
Що скільки люду погубила,
А в смутний час навтікача!
Нехай лиш Турн, що верховодить
І всіх панів за кирпи водить,
З Енеєм порівня плеча.

106 Нехай оставить нас в свободі,
Нехай царівні дасть покой;
Нехай живе в своїй господі,
А щоб в Латію ні ногой.
А ти, Латине, всіх благійший,
Придбав Енею дар смачнійший:
Йому Лавинію оддай.
Сим сватовством нам мир даруєш
І царства рани уратуєш;
Дочці ж з Енеєм буде рай.

107 Тебе ж прошу я, пане Турне!
Покинь к Лавинії любов
І прояснй чоло нахмурне,
Щади латинську нашу кров.
Еней тебе лиш визиває,
А нас, латинців, не займає,
Іди з троянцем потягайсь!
Коли ти храбрий не словами,
Так докажи нам те ділами,
Побить Енея постарайсь".

108 Од річі сей Турн роз'ярився,
Як втопленик, посинів ввесь;
Дрижали губи, сам дрочився,
Зубами клацав, мовби пес,
Сказав: "О, стара пустомеля!
Яхидств і каверз всіх оселя!
І ти тхором мене зовеш!
І небилиці вимишляєш,
Народ лукаво ввесь лякаєш,
На мене ж чортзна-що плетеш.

109 Що буцім хочу я одтяти
Головку лисую твою;
Та згинь! – не хочу покаляти
Честь багатирськую свою.
А ти, Латине милостивий,
Коли такий став полохливий,
Що і за царством байдуже-
Так лізьте ж до Енея раком,
Плазуйте перед сим трояком,
Він мир вам славний устриже.

110 Коли ж до мира я поміха,
Коли Еней мене бажа
І смерть моя вам єсть потіха;
Моя душа не єсть чужа
Од храбрости і од надії,
Іду, де ждуть мене злодії,
Іду і б'юся з втікачем!
Нехай хоть стане він Бовою,
Не наляка мене собою,
Поміряюсь з його плечем".

111 Коли в конгресі так тягались,
Енеи к Лавренту підступав;
На штурм троянці шиковались,
До бою всякий аж дрижав.
Латин таку почув новинку,
Злякавсь, пустив із рота слинку,
І вся здригнула старшина.
"От вам і мир", – сказав Турн лютий
І, не терявши ні минути,
Пред військом опинивсь, як на!

112 Оп'ять настав гармидер, лихо;
Народ, як черв, заворушивсь.
То всі кричать, то шепчуть тихо,
Хто лаявся, а хто моливсь.
Оп'ять війна і різанина,
Оп'ять біда гне в сук Латина,
Сердешний каявсь од душі,
Що тестем не зробивсь Енею,
І послі б з мирною душею
Лигав потапці ікниші.

113 Турн миттю нарядився в збрую,
Летить, щоб потрошить троян;
І роз'ярив дружину злую
Побить Енеєвих прочан.
Прискочив перше до Камилли,
Як огир добрий до кобили,
І став їй зараз толковать:
Куди їй з військом напирати;
Мессап же мусить підкрепляти
Цариці сей прокляту рать.

114 Розпорядивши, Турн, як треба,
Махнув, засаду щоб зробить,
На гору, що торкалась неба,
І щоб фригійців окружить.
Еней построїв тож отряди,
Де всім назначив для осади
Без одступу на вал іти.
Ідуть, зімкнувшись міцно, тісно,
Ідуть, щоб побідить поспішно
Або щоб трупом полягти.

115 Троянці сильно наступали
І тиснули своїх врагів,
Не раз латинців проганяли
До самих городських валів.
Латинці також оправлялись
І од троянців одбивались,
Один другого товк на прах;
Тут їх чиновники тузились,
Як півні за гребні возились;
Товклись кулаччям по зубах.

116 Но як Арунт убив Камиллу,
Тогді латинців жах напав;
Утратили і дух, і силу,
Побігли, хто куди попав.
Троянці з біглими змітались,
Над їх плечами забавлялись
І задавали всі сто лих.
Ворота в баштах запирали,
Своїх ховатись не пускали,
Бо напустили б і чужих.

117 Як вість така прийшла до Турна
То так мерзенно іскрививсь,
Що твар зробилась нечепурна
І косо, зашморгом дививсь.
Потім ярує од досади,
Виводить військо із засада
І гору покида, і ліс
І тільки що спустивсь в долину.
То в тую ж самую годину
Уздрів Енеєвих гульвіс.

118 Пізнав пан Турн пана Енея,
А Турна тож Еней пізнав;
Вспалали духом Асмодея,
Один другого б розідрав;
Не обійшлося б тут без бою,
Коли б пан Феб од перепою
Заранше в воду не заліз
І не послав на землю ночі;
Тут всіх до сна стулились очі
І всяк уклався горлоріз.

119 Турн, облизня в бою піймавши,
Зубами з серця скреготав;
Од дуру, що робить не знавши,
Латину з злостію сказав:
"Нехай злиденнії прочани,
Задрипанці твої трояни,
Нехай своїх держаться слов
Іду з Енеєм поштурхаться,
В моїх проступках оправдаться:
Убить – і околіть готов.

120 Пошлю Енея до Плутона,
Або і сам в ад копирсну;
Уже мні жизнь і так солона!
Оддай Енею навісну..."
"Гай, гай! – Латин тут обізвався. –
Чого ти так розлютовався-
Що ж буде, як розсержусь я-
Уже мені брехати стидно;
А потаїть – богам обидно;
Святая правда дорога!

121 Послухай же, судьби єсть воля,
Щоб я дочки не оддавав
За земляка, а то зла доля
Насяде, хто злама устав.
Мене Амата ублагала
І так боки натасовала,
Що я Енею одказав.
Тепер сам мусиш міркувати,
Чи треба жить, чи умирати;
А лучше, якби в ум ти взяв

122 І занедбав мою Лависю;
Чи трохи в світі панночок-
Ну, взяв би Муньку або Прісю,
Шатнувсь то в сей, то в той куток:
ВІвашки, Мильці, Пушкарівку,
І в Будища, і в Горбанівку,
Тепер дівчат, хоть гать гати;
Тепер на сей товар не скудно,
І замужню украсть не трудно,
Аби по норову найти".

123 На слово се прийшла Амата
І зараз в Турне і вп'ялась;
Лобзала в губи стратилата
І од плачу над тим тряслась.
"Внапасть, – сказала, – не вдавайся
І битися не поспішайся,
Як луснеш ти, то згину я;
Без тебе нас боги покинуть,
Латинці і рутульці згинуть,
І пропаде дочка моя".

124 Но Турн на се не уважає,
І байдуже ні сльоз, ні слов;
Гінця к Енею посилає,
Щоб битись завтра був готов.
Еней і сам трусивсь до бою,
Щоб сильною своєй рукою
Головку Турну одчесать.
А щоб повірить Турна слову,
Тож посила зробить умову,
Як завтра виставляти рать.

125 На завтра, тілько що світало
Уже народ заворушивсь;
Все вешталося, все кишало,
На бой дивитись всяк галивсь.
Межовщики там розміряли,
Кілочки в землю забивали,
На знак, де військові стоять.
Жреці молитви зачитали,
Олимпським в жертву убивали
Цапів, баранів, поросят.

126 Тут військо стройними рядами
В параді йшло, мовби на бой;
В празничній збруї, з прапорами,
Всяк ратник чванився собой.
Обидві армії стояли
На тих межах, що показали;
Між ними був просторий плець;
Народ за військом копошився,
Всяк товпився, всяк ліз, тіснився,
Побоїщу щоб зріть кінець.

127 Юнона, як богиня, знала,
Що Турну прийдеться пропасть,
Іще в мізку коверзовала,
Щоб одвернуть таку напасть;
Кликнула мавку вод Ютурну
(Бо ся була сестриця Турну)
І розказала їй свій страх;
Веліла швидче умудриться,
На всякі хитрости пуститься,
Щоб брата не строщили в прах.

128 Як так на небі дві хитрили,
Тут лагодились два на бой;
Всі за свого богів молили,
Щоб власною своєй рукой
Ізміг врага в яєшню зм'яти.
Рутульці ж стали розмишляти,
Що Турн їх може скиксовать;
Уже заздалегідь смутився,
Іще нічого, а скривився,
Не лучше б бой сей перервать.

129 На сей час Ютурна – мавка
В рутульських подоспіла строй;
І там вертілася як шавка,
І всіх скуйовдила собой.
Камерта вид на себе взявши,
Тут всіх учила толковавши,
Що сором Турна видавать;
Стид всім стоять згорнувши руки,
Як згине Турн терпіти муки,
Дать шиї в кандали ковать.

130 Все військо сумно мурмотало,
Сперва тихенько, послі в глас
Гукнули разом: "Все пропало!"
Щоб розмир перервать в той час.
Ютурна фиглі їм робила,
Шпаками кібця затровила,
І заєць вовка покусав.
Такії чуда небувалі
Лаврентці в добре толковали,
Тулумній к битві підтруняв.

131 І перший стрелив на троянців,
Гиллипенка на смерть убив;
А сей був родом із аркадців,
То земляків на гнів підвів.
Отак оп'ять зірвали січу!
Біжать один другому встрічу,
Хто з шаблею, хто з палашем;
Кричать, стріляють, б'ють, рубають,
Лежать, втікають, доганяють;
Все вмиг зробилось кулішем.

132 Еней, правдивий чолов'яга,
Побачивши такий нелад,
Що вража, зрадивши, ватага
Послать фригійців дума в ад,
Кричить: "Чи ви осатаніли-
Адже ми розмир утвердили!
Ми з Турном поб'ємось одні".
Но відкіль стрілка не взялася
І спотиньга в стегно вп'ялася,
І кров забризкала штани.

133 Еней од рани шкандибає
В крові із строю в свій намет;
Його Асканій проважає,
Либонь і під руку ведеть.
Уздрів се Турн, возвеселився,
Розприндився і розхрабрився
І на троянців полетів:
То б'є, то пха або рубає,
Із трупів бурти насипає,
Хотьби варить на сто котлів.

134 І перших Філа, Тамариса
На землю махом поваляв;
Потім Хлорея, Себариса,
Мовби комашок, потоптав;
Дарету, Главку, Ферсилогу
Поранив руки, шию, ногу;
Навік каліками зробив.
Побив багацько Турн заклятий,
Не трохи потоптав зикратий,
В крові так, мов в багні, бродив.

138 Коробилась душа Енея,
Що Турн троянців так локшив;
Стогнав жалчіше Прометея,
Бо був од рани єлє жив.
Я пид, цилюрик лазаретний,
Був знахур в порошках нешпетний,
Лічить Енея приступав:
По локті руки засукає,
За пояс поли затикає,
Очками кирпу осідлав.

136 І зараз приступивши к ділу,
Він шпеник в рані розглядав;
Прикладовав припарки к тілу
І шилом в рані колупав.
І шевську смолу прикладає,
Но все те трохи помагає;
Япид сердешний чує жаль!
Обценьками питавсь, кліщами,
Крючками, щипцями, зубами,
Щоб вирвать проклятущу сталь.

137 Венери серце засвербіло
Од жалю, що Еней стогнав;
Підтикавшись – ану за діло;
І Купидончик не гуляв.
Шатнулись, разних трав нарвали,
Зцілющої води примчали,
Гарлемпських капель піддали,
І, все те вкупі сколотивши,
Якісь слова наговоривши,
Енею рану полили.

138 Таке лікарство чудотворне
Боль рани зараз уняло,
І стрілки копій це упорне
Без праці винятись дало.
Еней наш знова ободрився,
Пальонки кубком підкрепився,
В пайматчину одігся бронь.
Летить оп'ять врагів локшити,
Летить троянців ободрити,
Роздуть в них храбрости огонь.

139 За ним фригійські воєводи,
Що тьху, навзаводи летять;
А військо – в лотоках як води
Ревуть, все дном наверх вертять.
Еней лежачих не займає,
Утікачів нізащо має,
А Турна повстрічать бажа.
Хитрить лукавая Ютурна,
Яким би побитом їй Турна
Спасти од смертного ножа.

140 На хитрости дівчата здатні,
Коли їх серце защемить;
І в ремеслі сім так понятні,
Сам біс їх не перемудрить.
Ютурна з облака злетіла,
Зіпхнула братня машталіра
І стала коней поганять;
Бо Турн ганяв тогді на возі,
Зикратий же лежав в обозі,
Не в силах бігать ні стоять.

141 Ютурна, кіньми управляя,
Шаталась з Турном між полків,
Як од хортів лиса виляя,
Спасала Турна од врагів.
То з ним наперед виїзжала,
То вмиг в другий кінець скакала,
То не туда, де був Еней.
Сей бачить хитрость тут непевну,
Трусливость Турнову нікчемну,
Нап'явсь в погонь зо всіх гужей.

142 Пустивсь Еней слідити Турна
І дума з ока не спустить;
Но мавка хитрая Ютурна
І тут найшлася кулю злить.
К тому ж Мессап, забігши збоку,
Зрадливо, зо всього наскоку,
Пустив в Енея камінець;
Но сей, по щастю, ухилився
І камінцем не повредився,
З султана ж тілько збивсь кінець.

143 Еней, таку уздрівши зраду,
Великим гнівом розпаливсь;
Гукнув на всю свою громаду
І тихо Зевсу помоливсь.
Всю рать свою вперед подвинув
І разом на врагів нахлинув,
Велів всіх сікти та рубать.
Пішли латинців потрошити;
Рутульців шпиговать, кришити
Та ба! Як Турна б нам достать.

144 Тепер без сорома признаюсь,
Що трудно битву описать;
І як ні морщусь, ні стараюсь,
Щоб гладко вірші шкандовать,
Та бачу по моєму виду,
Що скомпоную панихиду.
Зроблю лиш розпис іменам
Убитих воїнів на полі
І згинувших тут по неволі
Для примхи їх князьків душам.

145 На сей баталії пропали:
Цетаг, Танаїс і Толон;
Од рук Енеєвих лежали
Порізані: Онит, Сукрон.
Троянців Гілла і Аміка
Зіпхнула в пекло Турна піка...
Та де всіх поіменно знать-
Там вороги всі так змішались,
Стіснились, що уже кусались,
Руками ж нільзя і махать.

146 Як ось і сердобольна мати
Енею хукнула в кабак,
Велів, щоб штурмом город брати,
Рутульських перебить собак.
Столичний же Лаврент достати,
Латину з Турном перцю дати;
Бо цар в будинках ні гу-гу.
Еней на старших галасає,
Мерщій до себе їх ззиває
І мовить, ставши на бугру:

147 "Моєї мови не жахайтесь
(Бо нею управля Зевес)
І зараз з військом одправляйтесь
Брать город, де паршивий пес,
Латин зрадливий п'є сивуху,
А ми б'ємось зо всього духу.
Ідіть паліть, рубайте всіх;
Громадська ратуш, зборні ізби
Щоб наперед всього ізслизли,
Амату ж зав'яжіте в міх".

148 Сказав, і військо загриміло,
Як громом, разним оружжям;
Построїлось і полетіло
Простесенько к градським стінам.
Огні через стіну шпурляли,
До стін драбини приставляли
І хмари напустили стріл.
Еней, на город руки знявши,
Латина в зраді укорявши,
Кричить: "Латин вина злих діл".

149 Якиї в городі остались,
Злякались од такої біди,
І голови їх збунтовались,
Не знали утікать куди.
Одні тряслись, другі потіли,
Ворота одчинять хотіли,
Щоб в город напустить троян.
Другі Латина визивали,
На вал полізти принуждали,
Щоб сам спасав своїх мирян.

150 Амата, глянувши в віконце,
Уздріла в городі пожар;
Од диму, стріл затьмилось сонце;
Напав Амату сильний жар.
Не бачивши ж рутульців, Турна,
Вся кров скипілася зашкурна,
І вмиг царицю одур взяв.
Здалося їй, що Турн убитий,
Через неї стидом покритий,
Навік з рутульцями пропав.

151 їй жизнь зробилася немила,
І осоружився ввесь світ.
Себе, олимпських кобенила;
І видно ізо всіх приміт,
Що глузд остатній потеряла;
Бо царськеє обрання рвала,
І в самій смутній сій порі,
Очкур круг шиї обкрутивши,
Кінець за жердку зачепивши,
Повісилась на очкурі.

152 Амати смерть ся бусурманська
Як до Лавинії дойшла,
То крикнула "уви!" з-письменська,
По хаті гедзатись пішла.
Одежу всю цвітну порвала,
А чорну к цері прибирала,
Мов галка нарядилась вмах;
В маленьке зеркальце дивилась,
Кривитись жалібно училась
І мило хлипати в сльозах.

153 Такая розімчалась чутка
В народі, в городі, в полках,
Латин же, як старий плохутка,
Устояв ледве на ногах.
Тепер він берега пустився
і так злиденно іскривився,
Що став похожим на верзун.
Амати смерть всіх сполошила,
В тугу, в печаль всіх утопила,
Од неї звомпив сам пан Турн.

154 Як тілько Турн освідомився,
Що дав цариці смерть очкур,
То так на всіх остервенився,
Підстрелений мов дикий кнур.
Біжить, кричить, маха руками
І грізними велить словами
Латинцям і рутульцям бой
З енеївцями перервати.
Якраз противні супостати,
Утихомирясь, стали в строй.

155 Еней од радости не стямивсь,
Що Турн виходить битись з ним
Оскалив зуб, на всіх оглянувсь
І списом помахав своїм.
Прямий, як сосна, величавий,
Бувалий, здатний, тертий, жвавий,
Такий, як був Н е ч е с а-князь;
На нього всі баньки п'ялили,
І сами вороги хвалили,
Його любив всяк – не боявсь.

156 Як тілько виступили к бою
Завзята пара ватажків,
То, зглянувшися між собою,
Зубами всякий заскрипів.
Тут хвись! шабельки засвистіли,
Цок-цок! – і іскри полетіли;
Один другого полосять!
Турн перший зацідив Енея,
Що з плеч упала і керея,
Еней був поточивсь назад.

157 І вмиг, прочумавшись, з наскоком
Еней на Турна напустив,
Оддячивши йому сто з оком,
І вражу шаблю перебив.
Яким же побитом спастися-
Трохи не лучше уплестися-
Без шаблі нільзя воювать.
Так Турн зробив без дальней думки,
Я к кажуть підобравши клунки,
Ану! Чим тьху навтіки драть.

158 Біжит пан Турн і репетує,
І просить у своїх меча;
Ніхто сердеги не ратує
Од рук троянська силача!
Як ось іще перерядилась
Сестриця і пред ним явилась
І в руку сунула палаш;
Оп'ять шабельки заблищали,
Оп'ять панцирі забряжчали,
Оп'ять пан Турн оправивсь наш.

159 Тут Зевс не втерпів, обізвався,
Юноні з гнівом так сказав:
"Чи ум од тебе одцурався-
Чи хочеш, щоб тобі я дав
По паністарій блискавками-
Біда з злосливими бабами!
Уже ж вістимо всім богам:
Еней в Олімпі буде з нами
Живитись тими ж пирогами,
Які кажу пекти я вам.

160 Безсмертного ж хто ма убити-
Або хто може рану дать-
Про що ж мазку мирянську лити-
За Турна щиро так стоять-
Ютурна на одну проказу,
І певне по твому приказу,
Палаш рутульцю піддала.
І поки ж будеш ти біситься-
На Трою і троянців злиться-
Ти зла їм вдоволь задала".

161 Юнона в первий раз смирилась,
Без крику к Зевсу річ вела:
"Прости, паноче! проступилась,
Я, далебі, дурна була;
Нехай Еней сідла рутульця,
Нехай спиха Латина з стульця,
Нехай поселить тут свій рід.
Но тільки щоб латинське плем'я
Удержало на вічне врем'я
Імення, мову, віру, вид".

162 "Іноси! сількісь! як мовляла", –
Юноні Юпитер сказав.
Богиня з радіщ танцювала,
А Зевс метелицю свистав.
І все на шальках розважали,
Ютурну в воду одіслали,
Щоб з братом Турном розлучить;
Бо книжка Зевсова з судьбами,
Не смертних писана руками,
Так мусила установить.

163 Еней махає довгим списом,
На Турна міцно наступа,
"Тепер, – кричить"–. підбитий бісом,
Тебе ніхто не захова.
Хоть як вертись і одступайся,
Хоть в віщо хоч перекидайся,
Хоть зайчиком, хоть вовком стань,
Хоть в небо лізь, ниряй хоть в воду,
Я витягну тебе спідсподу
І розмізчу погану дрянь".

164 Од сей бундючної Турн речі
Безпечно усик закрутив
І зжав свої широкі плечі,
Енею глуздівно сказав:
"Я ставлю річ твою в дурницю;
Ти в руку не піймав синицю,
Не тебе, далебіг, боюсь.
Олимпські нами управляють,
Вони на мене налягають,
Пред ними тілько я смирюсь".

165 Сказавши, круто повернувся
І камень пудів в п'ять підняв;
Хоть з праці трохи і надувся;
Бо бач, не тим він Турном став.
Не та була в нім жвавость, сила,
Йому Юнона ізмінила;
Без богів ж людська моч пустяк.
Йому і камень ізміняє,
Енея геть не долітає,
І Турна взяв великий страх.

166 В таку щасливую годину
Еней чимдуж спис розмахав
І Турну, гадовому сину,
На вічний поминок послав;
Гуде, свистить, несеться піка,
Як зверху за курчам шульпіка,
Торох рутульця в лівий бік!
Простягся Турн, як щогла, долі,
Качається од гіркой болі,
Клене олимпських єретик.

167 Латинці од сього жахнулись,
Рутульці галас підняли,
Троянці глумно осміхнулись,
В Олимпі ж могорич пили.
Турн тяжку боль одоліває,
К Енею руки простягає
І мову слезную рече:
"Не жизни хочу я подарка;
Твоя, Анхизович, припарка
За Стикс мене поволоче.

168 Но єсть у мене батько рідний,
Старий і дуже ветхих сил;
Без мене він хоть буде бідний,
Та світ мені сей став не мил;
Тебе о тім я умоляю,
Прошу, як козака, благаю,
Коли мені смерть задаси,
Одправ до батька труп дублений;
Ти будеш за сіє спасений,
На викуп же, що хоч, проси".

169 Еней од речі сей зм'якчився
І меч пінятий опустив;
Трохи-трохи не прослезився
І Турна ряст топтать пустив.
Аж зирк – Палантова лядунка
І золота на ній карунка
У Турна висить на плечі.
Енея очі запалали,
Уста од гніву задрижали,
Ввесь зашарівсь, мов жар в печі.

170 І вмиг, вхопивши за чуприну,
Шкереберть Турна повернув,
Насів коліном злу личину
І басом громовим гукнув:
"Так ти троянцям нам для сміха
Глумиш з Паллантова доспіха
І думку маєш буть живим —
Паллант тебе тут убиває,
Тебе він в пеклі дожидає,
Іди к чортам дядькам своїм".

171 З сим словом меч свій устромляє
В роззявлений рутульця рот
І тричі в рані повертає,
Щоб більше не було хлопот.
Душа рутульська полетіла
До пекла, хоть і не хотіла,
К пану Плутону на банькет.
Живе хто в світі необачно,
Тому нігде не буде смачно,
А більш, коли і совість жметь.

www.glagoslav.nl

www.ingramcontent.com/pod-product-compliance
Lightning Source LLC
Chambersburg PA
CBHW030255100526
44590CB00012B/412